U0086488

美麗的俘虜

克萊絲・史塔茲　著

高談文化

目錄

第一章　邂逅　5
第二章　結婚　10
第三章　伏筆　17
第四章　婚姻低潮　20
第五章　重逢　25
第六章　熱情如火　29
第七章　愛情宣言　36
第八章　離婚訴訟　45
第九章　欺騙　52
第十章　傷痕累累　59
第十一章　社會主義　63
第十二章　追夢的人　68
第十三章　夥伴關係　73
第十四章　啓航　81

第十五章　重重壓力　87
第十六章　前進馬奎斯　93
第十七章　大溪地　100
第十八章　諸事不順　106
第十九章　失去孩子　111
第二十章　惡習不改　120
第二十一章　狼屋　122
第二十二章　酗酒者的告白　129
第二十三章　再度酗酒　134
第二十四章　夢幻破滅　141
第二十五章　拯救婚姻　149
第二十六章　狼屋全毀　154
第二十七章　死亡的徵兆　161
第二十八章　藥物成癮　166
第二十九章　重返夏威夷　172
第三十章　選擇死亡　178

第一章　邂逅

一九九〇年，對傑克・倫敦來說，名聲的優雅樂曲正輕輕揚起。欣欣向榮的經濟，代表經濟蕭條已成逝去的回憶，這表示，人們手上會有閒錢可以花在這九十年間如雨後春筍般冒出的五千一百本雜誌上。這時吸引讀者閱讀的，不再是勤奮工作的成功故事，而是集勇氣、毅力和耐力於一身的英雄事蹟，具有社會良心，不將金錢放在眼裡，看重的是意志力的貫徹。除了精力旺盛的年輕傑克・倫敦外，還有誰是表達此種矛盾的最佳人選呢？

而現在，他已搖身一變成爲美國家喻戶曉的知名作家。

對傑克・倫敦未來的妻子夏敏恩來說，二十九歲的她，半生都消耗在打字機上。從小和阿姨妮塔一起生活的她，處處依循妮塔設下的桎梏。

夏敏恩對自我價值認定不清，因此她與男人間的關係總是陷入注定毀滅的模式中：她會熱烈地愛上任何只要出現在身邊的人，即使這些男人並不是適合她。這些來來去去的男人清一色利用甜言蜜語和承諾哄騙她上床，而她的感情需求卻總是無法得到滿足，因爲家中的長輩在愛情上，都是不專的花蝴蝶，在這種環境下被扶養長大的她，忽略了日常親密關係必須建立在誠實、信任和自身的淸白上。

所以當妮塔堅持夏敏恩得利用中午的午餐時間會見傑克・倫敦時，夏敏恩一點喜悅的感覺也沒有。因爲之前某個晚上她就曾瞥見傑克・倫敦到雜誌社來討論事情，當時他穿著破舊的長褲和深灰色的羊毛襯衫，頭上戴著破了洞的帽子，笑起來時缺了牙的黑洞異常明顯，這樣寒酸的模樣著實讓她倒盡胃口。她嗤之以鼻地對妮塔說：「原來這就是你那棒極了的傑克・倫敦！」「他雖然不是你那群朋友當中唯一的天才，不過可以確定會穿成這樣來我們這兒的，只有他而已。」

第二天，她心不甘情不願地走進舊金山的揚恩餐廳（Young's），然而這次映入眼簾的卻是個有趣的男人。先前寒酸粗野的形象消失了，取而代之的是一身筆挺的西裝，搭配合適襯衫、領帶和鞋子的男人。這是她第一次，也是最後一次見到傑克・倫敦穿漿過的衣領。他那雙分得很開的灰色大眼直望進她的眼裡，將她對這個痞子、水手和育空冒險家原有的偏見全都驅散。

她談到她的工作，對自己不但能運用敏捷靈巧的雙手掙錢，還會做適當的投資來養活自己，感到十分驕傲。談到書籍方面時，他們竟發現彼此都喜歡吉普林的作品。

這時妮塔提議由夏敏恩來寫傑克・倫敦即將出版的「狼之子」的書評。傑克・倫敦不但欣然同意，還宣稱博學多聞的夏敏恩是這項工作的不二人選。

幾天後，傑克・倫敦在妮塔家中請求參觀夏敏恩的藏書，當她將哈代的「杜伯威的泰斯」（Tess of the D'urbervilles）遞給他讓他帶回去看時，正好對上他凝視的雙眼，那眼神彷彿想更進一步了解她似的。他害羞地說道：「我對書本是很愛惜的。請相信我一定會將這本書當作自己的一樣對待的。」

想想這幾次的會面，夏敏恩不禁對自己笑了。妮塔是對的，這個男孩的確討人喜歡。不過二十四歲的他，跟那些追求她的男人比起來似乎不夠成熟，家庭背景不穩固，所受的教育程度也不高。總之，他不是她要的結婚對象。

而傑克·倫敦只要每次來見妮塔，便會搜尋夏敏恩的身影，加上妮塔關切的舉動也吸引著這個缺乏母愛的男人。妮塔更覺得自己已經攀上這顆冉冉上升的明星，口口聲聲喚他是她的「孩子」，而傑克·倫敦在給克勞德斯理的信中寫道：「我漸漸和夏敏恩熟了起來，她專寫書評，而且很可愛，有一個小小的藏書室，裡面的新書都是外面圖書館都不太敢收藏的。」

有天晚上夏敏恩到自己房裡，將桌上「狼之子」的印刷校稿打樣拿起來仔細閱讀。這一讀可不得了，傑克・倫敦盪氣迴腸的敘述功力和中肯的描繪，將大自然的殘酷，忠實地展現在眼前，她只能像著了魔似的一路讀到底。她匆匆跑下樓跟妮塔說，自己的能力不足以寫出深入的書評，不過被妮塔打了回票。

雖然夏敏恩對這一系列的故事讚譽有加，但是她還注意到其中某些「無法掩飾的疏忽，像錯誤的句子結構和常見字彙的誤用，這是出於經驗不足，還有粗心」。她的總評也透露兩人對當時盛行之種族理論的共同理念：「傑克・倫敦認為，要達到民主的根本，只有仰賴盎格魯薩克遜人的制度、典範和傳統。『並非上帝將地球賜予盎格魯薩克遜人，而是盎格魯薩克遜人要自己征服地球』，他用充滿說服力的口吻如此宣告。」從此以後，夏敏恩變成傑克・倫敦的首位書評家。

第二章　結婚

傑克・倫敦跟夏敏恩約定某個星期六一同到郊外走走，她騎馬，他則騎著他的腳踏車。兩人想到那種滑稽的畫面就笑得不可遏抑，夏敏恩便答應他的邀約。可是幾天後，她收到他取消約會的短箋，理由是「我寫給你阿姨的信中會說明一切」。傑克・倫敦在那封信中宣布，他要在他們原定約會的那個星期六和貝絲結婚。他承認這個決定來得很突然，但他相信自己婚後會「穩定下來」，而且「婚姻的束縛將抑制他飄忽不定的個性，變成一個全新而健康的男人」。傑克・倫敦所說得正好印證當時最普遍的觀念，那就是一個在本質上就偏向反道德的男人，會將自己套牢在高尚女人的手上，以便從中獲益並蛻變爲成熟的男人。

夏敏恩認爲他只不過是在矇騙自己。她知道他已經被馬克斯．諾島（Max Nordau）的短論「愛情博學」（The Natural History of Love）說服，認爲情感只不過是一種生理錯覺的現象罷了。真正的唯物論者堅信，人死後的結局就和被打扁的蚊子同樣的下場。

究竟傑克．倫敦怎麼會有結婚的念頭呢？當時傑克．倫敦和母親，還有小強尼．米勒（傑克．倫敦的外甥）正準備搬到比較大的房子去，貝絲過來幫忙掛窗簾。傑克．倫敦抬頭看著她站在梯子上，突然領悟到自己早就在養家了，所以如果他要成家的話，最好是出自自己的選擇。他喜歡貝絲，欣賞她的井然有序；另一方面，他也將她視爲他與母親之間的屏障。因爲他的母親總是在他頻繁的社交聚會中強行介入，甚至常常像是演出精采動人的埃及艷后般，搶走兒子的風采，所以他希望貝絲能從母親手中接管女主人的地位，減少他母親介入的機會。

貝絲雖知傑克．倫敦並不愛他，但仍接受他的求婚。

就像他那群志同道合的朋友一樣，她也簽下反愛情宣言。她同意真摯的友情更爲重要，而且她相信身爲英倫群島子孫的他倆，一定能孕育出最優秀的孩子，她堅持接受優良教育，而且也大膽地穿著燈籠褲騎腳踏車，這樣的服裝會在奧克蘭街上引起眾人的非議，就像夏敏恩騎馬的情況一樣。不過現在的她已歸順家庭生活，而且看著傑克．倫敦照顧母親與外甥的模樣，便認定他是個富有責任感，而且是個可以信賴依靠的男人。

傑克．倫敦興高采烈地提筆寫信給他的紅粉知己安娜，因爲他與安娜在許多方面甚至比跟貝絲還親密。「我有一千個理由支持這個結婚的決定，但婚姻並不會影響我原本的生活，或是我計劃好的未來生活。」相信安娜一定知道，他指的是與像貝絲一樣的高層次女性結婚，將有助於男人在工作上的衝刺。現在的傑克．倫敦驕傲地看見，用科學的方法所得出的婚姻爲他鋪好平順的道路了。

一九〇〇年四月七日，傑克．倫敦和貝絲在女方家舉行簡單的婚禮。他們的蜜月旅行也同樣低調，只是騎著腳踏車到常去的聖塔克路茲（Santa Cruz）海灘玩個幾天而已。

蜜月期間的種種跡象，讓傑克・倫敦發現科學有時候並非完美無誤。最叫傑克・倫敦驚訝的是，貝絲的運動神經顯然在水裡發揮不了作用，旱鴨子的她跟水掙扎的笨拙模樣真是出乎他的意料之外。這對一個被精心挑選出來，準備生育「七個盎格魯薩克遜血統的兒子和女兒」的女人來說，簡直就是不祥之兆。此外，他倆的性生活似乎並不協調，因爲妮塔說傑克・倫敦曾帶貝絲到她那兒去，希望她教導貝絲夫妻閨房方面的事。

回到家後，傑克・倫敦面臨更大的問題：反對這個婚姻的母親芙羅拉一氣之下，不但沒來參加婚禮，現在更是和貝絲處於水火不容的關係中。芙羅拉一向是位優秀的家庭主婦，貝絲則擅長指揮僕人打理家務。再者，芙羅拉崇信神靈與超自然力量；而腳踏實地的貝絲則相信人定勝天。她倆的性情有兩項共通的特點，那便是頑固和暴躁。而強尼・米勒又是個被寵壞的乖戾小孩，更造成她們的意見分歧。有天晚餐，芙羅拉吃著吃著就陷入恍惚昏睡的狀態，貝絲見了二話不說便拿起一杯水往她臉上潑。傑克・倫敦對此狂笑不已，接著他很快地為母親和外甥在附近另闢住處，這樣一來，他必須為養兩個家而加重負擔。

一旦兩個女人不住在同一屋簷下後，她們反而能建立親切的婆媳關係。芙羅拉會過來串串門子，和貝絲聊聊天、分享烹飪祕訣或談談其他家務事。那個時候的芙羅拉已經歷了種種生活磨難，顯得疲乏不堪的臉上少有笑容，也不善於表現感情，對外人亦不善言辭，可是沒想到媳婦竟成為她生活的慰藉。

雖然傑克・倫敦與貝絲婚姻的首要難題已經解決，但是未來是否能有快樂的結局卻很難說。傑克・倫敦的一生大部分都在逃避，他希望藉由冒險、酒精或過度的工作重新獲得力量和安全感。透過這些高度壓力的活動，他可以順利轉移注意力，不再專注於內心交戰所產生的絕望。父母情感上放棄他爲他帶來的痛苦和無助感，在危險刺激的奮鬥過程或難以處理的麻煩裡，至少可以獲得暫時的紓解。他一方面宣稱自己絕不被浪漫的愛情所矇騙，另一方面，卻一樣走入所謂科學模範的陷阱，將理想化的貝絲當作慈悲的救贖天使，引導他在嚴肅刻板的路上不偏不倚地走下去。

至少他倆的配對是成功的，因爲貝絲很快就懷孕了。規律、秩序和節制進駐他的日常生活。伏爾泰（Voltaire）的幸福箴言「運動員的身軀，聖哲的心靈」啓發了他，於是他也加入當時就有健康概念的加州人行列，定時舉啞鈴、比劍和游泳。他規定自己一天只睡五個半小時，在清晨天未亮的時候便起床，趁著家裡依舊冰涼寂靜的時候，閱讀堆在床邊的書籍。每個星期只有星期三和星期日下午則利用閒暇招待形形色色的朋友和跟班。

另一方面，傑克・倫敦世一位唯物論者，他與安娜這位唯心論者最大的歧見視對愛情的看法，她力言愛情的真諦是親密關係和婚姻的基礎；他卻認爲愛情是「婚前的瘋狂行徑」，不但會干擾配對過程，亦會混淆優良的種族血統。爲了這個社會好，男人選擇婚姻對象時，與其找那種會讓他撩起情慾的女人，不如找一個充滿母性光輝的女性，「她會淸楚知道如何帶孩子」。傑克斷言明智的婚姻建立在「理智、服務與健康的犧牲」上。

可憐的貝絲，她在一九〇一年一月十五日產下女兒喬安，而非原本期待的強壯男孩。產後的她太過虛弱，所以無法照顧孩子，於是黑人管家維吉尼亞便搬進家裡來幫忙。傑克・倫敦想要兒子的願望落空，「真不想要這種哀叫的弱小東西」。可是，女兒長到九磅半重的時候，「漂亮健康得要命的模樣」讓父親深深地愛上了這個小東西。

第三章　伏筆

傑克・倫敦發現自己的婚姻生活愈來愈索然無味，而此時的夏敏恩正試著掙脫愛情的束縛。她的未婚夫威爾・明斯楚（Will Minstrel）身邊有了新歡，以致於婚約告吹。其中也牽扯到其他的情人，這些麻煩也造成她與妮塔間的決裂。爭吵讓夏敏恩相當苦惱，於是她在一九〇〇年秋天啓程前往緬因州，拜訪父親那邊的親戚。

夏敏恩就像傑克・倫敦一樣，在面對麻煩時不擅自我分析。雖然她每天寫日記記錄自己的感受，不過她這一生似乎不曾好好研究過這些文字記錄，當然也無從知道這可以幫助她分析苦惱與麻煩，以便未來避免重蹈覆轍。再者，她缺乏自我設立目標的個性，總是習慣接受社會和妮塔爲她訂下的目標（找個好丈夫、養家）。然而，對生活沒有殷殷期待，反而可以讓她無所畏懼地面對冒險挑戰，帶著開放的心靈，毅然決然到新地方找尋新氣象。

教育程度頗高的齊特瑞吉家族，枝繁葉茂，他們對夏敏恩的來訪相當歡迎且重視，溫馨的家族之情讓夏敏恩不由得喜極而泣。在新英格蘭這個男性比女性少的地方，她發現像自己一樣二十九歲未婚的女人竟然有這麼多，而且單身在這裡是普遍而受到尊重的。不過，夏敏恩在此依舊有許多追求者，在月夜下載著她駕著雪橇去烤蚌或跳舞。

表面上歡樂無比，可是到了夜晚內心的不安全卻都浮現。「睡得不好，真是討厭」，她在日記中用左手寫道，而失眠症導致她身體失調和頭痛。其實她的部分壓力來自於自身驅策使然。她利用科學方法強迫自己每天要過得有建設性，這與傑克．倫敦十分相似：一天的時間分配成運動、彈琴、縫製女裝，或臨摹吉布生的畫作。她厭惡自己懶散或不事生產，要是哪天無法達成自己設定的目標，就會相當自責。有時候她會不快樂，因爲緬因州冬天惡劣的天氣，讓她無法靠自己的勞力賺錢，也無法在鄉間騎馬，或者駕船。而且，雖然夏敏恩十分感謝齊特家親戚的親切熱情，但是他們的熱誠卻反而增強她心中的疏離感，尤其身處於這些忠實的共和黨員之中，她這個素食的社會主義者顯得格格不入。

於是夏敏恩將柏克萊的地產出售，所賺的一千五百元正好可以支付她的旅行費用。一九〇一年她啓程到波士頓參觀博物館並觀賞最新的劇作。

一九〇一年冬天，她終於回到奧克蘭，也重回工作崗位。而通訊錄裡的「傑克・倫敦，巴尤衛斯塔大道（Bayo Vista Avenue），皮得蒙區（Piedmont）」則爲她未來的人生預留了伏筆。

第四章　婚姻低潮

一九〇一年對夏敏恩和傑克・倫敦來說都是轉捩點。傑克・倫敦的寫作生涯遭逢困境，此時他和社會黨同志漸行疏遠，轉而與藝術圈密切交往，與妻子貝絲的關係則愈趨冷淡。他對家人的態度愈顯他內心的混亂與掙扎。不到一年的時間，他和家人就搬了五次家。

後來傑克・倫敦帶著全家到舊金山北部福斯特維樂（Forestville）的夢幻山莊（Camp Reverie）渡假一個月。除了擔任演講嘉賓之外，傑克・倫敦還在山莊舉辦的戲劇表演裡扮演「不可理喻的莽夫」一角，貝絲演的角色則是「遭丈夫遺棄卻令人欽佩的妻子」。包括演員自己都沒有想到，這齣戲在日後竟活生生在這對夫妻的真實生活中上演。

一九〇三年二月，他要貝絲再度收拾家當，搬到北加州的第一棟石礫別墅，每個月三十五元的租金（他覺得這算很便宜了），傑克．倫敦便擁有這五英畝皮得蒙丘陵區滿覆罌粟花的土地，座落其上的寬敞房子，比這個小家庭真正需要的空間要大得多。大而明亮的房間全用紅杉木裝潢而成，平凡的溫馨和動人的擺設，會是他這輩子都會回味無窮，從寬闊通風的陽台看出去，整個舊金山灣綿延四十哩的景色可以盡收眼底，貝絲卻感到與世隔絕，因爲這裡離雜貨店和孩子的家庭醫生實在太遠了。

這次搬家可以說是傑克．倫敦一生中的另一個重要轉捩點。不久前，他還認爲自己屬於那種喜歡交際應酬的類型，時常需要朋友的激勵，所以需要城市的喧鬧。可是現在，他卻因爲受不了奧克蘭到此地不到半小時車程，以及前往舊金山的渡輪，而極少到市區去了。看得出來，他想在這個和小時候住的牧場極類似地方落地生根。就夏敏恩後來的觀察所說，果園或動物那一類的東西，對傑克．倫敦這樣的小男孩來說應該是最棒最美的童年景象。

這一年期間，另一個新興的灣區文藝團體引起了他的注意，甚至以「眾生團」（Crowd）的名義出現在報章媒體上，讓他產生很大的興趣。而「眾生團」當中最有份量的人就是說服傑克・倫敦搬到鄉下去的詩人喬治・史德林（George Sterling）。和加州小說家法蘭克・諾利斯一樣，傑克・倫敦在美國文壇上可說是當代寫實主義的開山鼻祖；而史德林則屬於逐漸沒落的抒情文學的最後繼承者。

此外，這兩位好友對於一夫一妻的價值觀都無力奉行，都曾有過縱情酒色的經驗，主要都是因爲與妻子間相處的不愉快使然。不過這兩人之間最大的關連還是文學方面。史德林在詩作上的非凡能力讓傑克・倫敦欽羨不已。詩是傑克・倫敦最喜愛的文學形式，可是經過以前幾個月不停地模仿創作後，還是失望地承認自己實在沒有這種天份。而史德林彷彿就是他崇拜的十九世紀浪漫主義的化身。

除了文學之外，性情上的契合也是兩位交好的原因之一。他倆在個性上都有分裂與矛盾的傾向，而且常爲此坐立難安、受盡折磨。生命對這兩個大男人來說複雜異常，看到對方的靈魂也在相同的難題裡，兩人的惺惺相惜之情不難理解。所以當史德林希望傑克・倫敦搬到他家附近時，傑克・倫敦二話不說就答應了。

他所謂「中產階級的不安」和「軟弱」，其實指的就是婚姻生活與經濟負擔，因爲他不只供養自己的家庭，還得照顧母親、外甥和維吉尼亞。在他貧窮又沒沒無名之際，貝絲實事求是與一板一眼的個性正好有穩定作用，可是當他的事業起飛，正享受成功的滋味時，這樣的個性又未免顯得過於單調無聊。拉鋸戰就此展開。一次，他們竟爲了番茄要橫切還是縱切而爭論不休。沒有人讓步，也沒有人願意承認這種爭吵有多愚蠢。

他要的配偶可不是這種只會當「媽咪愛人」的女人。

爲了匹配他這個事業有成的丈夫，他鼓勵妻子去買些比較華麗的衣服來打扮自己，可是她拒絕丈夫的建議，對於家務，她願意盡心盡力去做，可是要她扮演長袖善舞的女主人是不可能的，因爲她在眾人面前會很不自在。於是，被拒絕的傑克・倫敦只好和史德林去外面獵艷以平復心情。貝絲和當時的女性一樣，十分擔憂丈夫整晚在外冶遊，因爲丈夫很容易因此而將性病傳染給她。

傑克・倫敦漸漸不避諱談到和妻子間的不愉快。他會告訴同性朋友，他的妻子不但性冷感，而且像個三姑六婆似的到處嚼舌根，他認爲她的思考模式「狹隘而膚淺」，雖然有時也爲她想法的精準和細密而驚訝不已。貝絲的本能就是矜持和控制自己的感覺，但這樣嚴苛的態度，對於需要不斷讚美和保證的傑克・倫敦來說，是很難接受的。然而，即使如此，一九〇二年初，朋友們還是很難相信他會離她而去，因爲他信誓旦旦地說要生個男孩，果然貝絲很快就懷孕了。

第五章　重逢

大概就是這個時期，夏敏恩不但和傑克・倫敦又再次熟絡起來，而且也常常加入「眾生團」的社交集會。每個星期三她會到傑克・倫敦那裡參加聚會，歡樂的時光總是在震耳欲聾的笑鬧聲中快速地流逝。傑克・倫敦是所有活動的最佳設計者，在這裡佩德羅牌、惠斯特牌、撲克牌還有二十一點等各種紙牌遊戲應有盡有，可是大家都避免跟史德林一桌，因爲他的牌品很差。接著大夥會被召至鋼琴旁，聽夏敏恩邊彈琴，邊唱著悅耳動人的歌曲。欣賞完音樂，就來場草地擲莓丟泥大賽。

傑克・倫敦特別喜歡和年輕的女性賓客嬉戲，可見他不是最忠貞的丈夫之一。常常，惡作劇的產生就是爲了吸引注意。有一天下午傑克・倫敦在吊床上小寐時，幾名女人將他的吊床縫合起來，還在吊床下放了一把火。他的反應似乎只是把這場惡作劇當作笑話而已，可是幾天後，就在大家忘掉這件事的時候，他拿著準備用來丟擲的沙拉，全倒在那些對他惡作劇的女人身上。

任何新加入者至少要和傑克・倫敦單打獨鬥一次，可以比賽拳擊或擊劍，女性也不能例外，因爲他不喜歡身邊的朋友有任何怯懦的行爲，希望他們一個個都是無懼的勇者。不管是用拳頭或鈍頭劍，夏敏恩都是個很好的對手。記者喬瑟夫・諾爾（Joseph Noel）也是「眾生團」的一員，有天晚上他觀察夏敏恩比劍的身影，臉上戴著鋼製面罩，胸前綁著護甲，合身的短裙「包裹著完美的臀部」。傑克・倫敦輕易地被夏敏恩擊敗後，忍不住將她拉過來親吻她，諾爾看了以後便做出結論：「永恆的追尋又要上演了」。

雖然傑克・倫敦相當欣賞夏敏恩，但是並沒有因此追求她，因爲在他心中，安娜是第一人選，同時間夏敏恩則考慮回到東岸去。自從她離開緬因州後，就有一位大學教授積極追求她，並打算娶她爲妻。可是她婉拒了對方的求婚，並說他倆應該再相處一段時日，再決定彼此是否合適也不遲。因爲工作的關係，直到一九〇三年春天爲止，這位教授都在外地奔波，以致於無法陪在夏敏恩身邊，可是夏敏恩卻決定爲他守身如玉。

此時的夏敏恩正享受著首次真正的獨立自主，而妮塔一家搬到索諾瑪谷（Sonoma Valley）的小村莊格蘭艾倫去了。夏敏恩則住在叔叔哈利・威利（Harley Wiley）的家裡，叔叔的女兒貝西（Beth）待她就好像親姊妹一般。現在，每天傍晚下班後回到家裡，再也不需要監護人管東管西。

到了一九〇二年夏天，傑克・倫敦已經負債高達三千元。每天寫作十二到十八小時的他，極需從矜持的情人和討厭妻子的關係中解放。這個時候，美國新聞協會（American Press Association）提供的工作有如及時雨解救了他，他們請他到南非採訪已經接近尾聲的布爾戰爭。然而，等他抵達紐約的時候，他才收到這趟行程已經取消的電報。傑克·倫敦後來便決定循著夏敏恩兩年前旅遊的路線，在歐洲大陸四處旅行。

就這樣到了十一月初，傑克·倫敦得知貝絲生下他們的第二個女兒，並爲她取了跟自己一樣的名字「貝絲」（後來又叫她貝姬）後，不悅地搭船返鄉。

第六章　熱情如火

若只看行爲的話，會發現傑克·倫敦其實是個溺愛孩子的慈祥父親。無論他和貝絲之間的情感如何，他下定決心要和女兒建立良好的關係。從英國回來後，他並沒有立刻和「眾生團」會面，也迴避公開談論他的英國之行，反而先回家與家人相聚並埋頭寫作。貝絲對這個婚姻愈來愈有安全感，看到傑克樂在工作，再加上每個星期三的例行藝文聚會也取消了，她不再有被侵犯干擾的感覺，整個冬天過得相當輕鬆愉快。

夏敏恩常常過來拜訪貝絲和孩子們，她也發現傑克·倫敦對她態度「總是那麼友善，卻似乎不帶感情」。他送她一本兒童小說「目眩神迷之旅」（The Cruise of the Dazzler），這是他在「聖尼可拉斯雜誌」（St. Nicolas）

上連載的作品，並在書裡題上「紀念潔西和我們的逐風之旅」，指的是他倆和一群朋友在某個下午駕船的情景。另外，傑克·倫敦不再爲雜誌寫些八股陳腐的文章，反而發揮所長，創作更具文學價值的作品和社會主義論文，這種「異乎尋常的轉變」讓夏敏恩印象深刻。

現在不只「眾生團」的團員，還有許多社會黨和藝術圈的食客跟班也來湊熱鬧。雖然他需要他們的奉承，但對他們的動機可是清楚得很。愛爾西·馬汀尼茲就看到他輕蔑待人的一面：他就是有辦法要某個奉承阿諛的賓客在地上爬，然後拿花生米丟他，再用腳踹他的臀部。他知道許多社會黨同志只想統治勞工階級，而非真心爲他們服務，他看清這個事實後，整個人就變得憤世嫉俗起來。

貝絲眼見自己的家庭分崩離析，便再也不能自制了。本來耐心十足的女主人，有時候在賓客圍繞的情況下，也會失控；傑克如果整晚在外遊蕩的話，她也會怒不可扼地破口大罵。因此當傑克決定來年夏天要在「畫眉之家」，也就是妮塔在格蘭艾倫的渡假營地租個小屋時，貝絲可真是鬆了一口氣。因爲在那裡她無須打理太多家務，傑克也可以遠離那些都市朋友的邪惡影響。

不過，傑克・倫敦卻另有計劃。六月時，他帶著全家到了「畫眉之家」後便離去了，理由是他需要安靜，以便著手寫作新書「海狼」（The Sea Wolf）。那年春天，夏敏恩在「日落雜誌」（Sunset）上的一篇文章提到，「好色的遊艇主人駕著船，掠過熟悉的舊金山灣水面，隱隱約約還可以聽見船上傳來勤奮的打字聲，混雜著繩索拉扯和浪花拍打的聲音，那是傑克・倫敦在操縱遊艇，蜿蜒穿行於羅曼史的浪滔中。」不過傑克・倫敦一點也沒想到打字機，反而想著「要和我能把到的任何女人幹些興奮快活的事」，而且還打算把夏敏恩當作獵艷對象，因爲他從貝絲那裡聽說她和某個男人有感情糾葛。不過夏敏恩拒絕了傑克・倫敦的引誘。

傑克・倫敦駕船出海前，曾和史德林夫妻共遊一個週末。他們駕車到奧克蘭海邊，結果一只輪子壞了，這輛跛腳的馬車把兩個大男人折磨地相當悽慘，傑克・倫敦的膝蓋嚴重受傷。而夏敏恩受貝絲所託帶東西給傑克，看到他病懨懨的樣子時真是嚇了一大跳。傑克開始叨叨絮絮說著哲學方面的東西，還告訴她「她有些事情我很不喜歡」。她要離去前，傑克將她拉住並吻了她，試圖說服她陪他一程。

不過夏敏恩還是決定留在柏克萊，傑克・倫敦只好啓程前往格蘭艾倫。他在格蘭艾倫寫信告訴她，他已經認清她的「雙唇是如此的勉強。它們知道自己做錯了。是妳的心暴露事實的。」他想去見她，另一方面卻又和別的女人訂下遊艇之約。於是夏敏恩對他的用心持保留態度，堅持如果傑克・倫敦想見她的話，只能到她叔父家來。他回到格蘭艾倫後，更加渴望夏敏恩能成爲他的情婦。

事實上，傑克・倫敦像極了自己最喜歡的詩篇人物，「上帝瘋狂的愛人死在吻下」。不到三年前，他還視愛情爲無異議的生理怪僻，可是現在卻被這位在朋友眼中平板又自鳴得意的老處女，給迷得暈頭轉向。他將別人的警告和勸說當作耳邊風，盡情以書信向夏敏恩傾訴他熾烈的愛意，簡直是空前絕後的表現。反觀夏敏恩，這也是她首次從愛慕者那裡，收到如此坦白直接的告白。

傑克・倫敦後來堅稱自己是比較積極熱烈的那一方，而且在沒有收到夏敏恩回信的情況下，他更加猛烈地追求她，他相信她終會棄械投降，來到他的身邊，因爲「這是勢在必行。也是個極度偉大的時刻。」

果真，沒多久夏敏恩就出現在傑克・倫敦身邊，他倆一起出遊，並來到某個紅杉樹林裡。兩人巫山雲雨之後，傑克・倫敦讚美她：「要是你表現得忸怩作態或故意做得討人喜歡、或是違反你的心意，展現過分的熱烈或苛求的話，我想我真的會覺得很噁心。你和我以前認識的女人完全不同。」

雖然傑克・倫敦的初衷只想將夏敏恩納爲情婦，可是他發現自己不由自主地想要完全擁有她。他被她拘謹又叛逆的混合特質給迷得神魂顛倒。沒想到一位表面上彬彬有禮又有高尚教養的淑女，私底下卻淫蕩而熱情，這對傑克・倫敦來說有如發現了祕密寶藏一般。他描寫「她做愛的韻律—其劇烈敏銳的過程在純淨、華麗和至美的表現中，將熱情昇華至最高境界」。

夏敏恩雖然身材嬌小，但事實上卻相當健美而且協調性亦佳，這一點和傑克・倫敦筆下的伏若娜十分相似。他發現，當他「緊抱她豐潤的雙臂時」，彷彿「像絲緞般柔軟細緻」，可以迅速「機警地變成大理石般堅硬，而這種僵硬只會使人生變得無趣而黯淡」。不過他最喜愛的是她的雙腿，「結實的肌肉，像極游泳多年的男孩」。

除此之外，夏敏恩雖然深諳家事的運作，但是可不願腦子變得像家庭主婦一樣，這一點也讓傑克・倫敦相當佩服。他喜歡她和別人相處的方式，尤其她跟男人相處時就表現得像個「男孩子氣的玩伴」，跟女人在一起時也同樣自然親切。他也喜歡她耀眼活潑的說話方式，總會運用強勁的手勢來加強她的論點。她可以將自己塑造成自己渴望的模樣，所以傑克・倫敦視她爲生活藝術家，而且這種生活模式跟他自己本身亦有異曲同工之妙。

更重要的是，他和她相處時會出現前所未有的安全感。他相信這是生平第一次，自己可以對某個人誠實說出極私密的想法和感覺，而不會感到畏懼。六月十八日，他寫信給她談到自己渴望變得率直，可是他這種需求「卻在親密的痛苦下萎縮，永遠達不到率真的目標」。他曾想避開她的目光，「用原來那個表面的自己說話」，可是他辦不到，儘管舊有的痛楚記憶和破碎的傷口，會因此隱隱作痛。他將真實無僞的自己展現在她眼前：「粗獷又野性，喜職業拳賽和殘忍之道，在文筆上有些才氣，至於藝術方面不過是個半吊子，拼了命想隱藏自己因未經訓練、磨練，還有正正當當白手起家的緣故，而無可避免顯現的缺點。」

第七章 愛情宣言

七月初，就像大部分關係不太穩定的夫妻一樣，傑克・倫敦猶豫不定的作爲，讓貝絲相信兩人一定可以重新開始。他跟貝絲談到搬去南加州沙漠地區的想法，這樣一來他們一家人便可以徹底遠離「眾生團」和都市生活。而貝絲竟也答應了這個古怪的計劃，只不過附帶條件是新家所在，必須選在可以方便補充家庭用品的地方。

貝絲在日後撰寫傑克・倫敦的傳記作家面前，將自己描述成無辜的犧牲者，對即將發生的人生大事一無所知。她談到某個下午，看見傑克・倫敦和夏敏恩在吊床上，可是並不以爲意，因爲她去年就常看到兩人在交談。此外，她還宣稱替夏敏恩覺得遺憾，所以很難將她當作假想敵。可是，傑克・倫敦和夏敏恩獨處了幾小時後，便去找貝絲，跟她說要離開她。「爲什麼，爹地，你說這話是什麼意思？你不是才說要搬到南加州去」，她如此回答。可是傑克・倫敦只是不斷重複地，說離婚對大家都好，至於什麼理由他始終都沒說明。

事實上，在傑克・倫敦真正宣布他要離開貝絲的消息前，疑神疑鬼的貝絲早已妒火中燒。有一天，她吵著一定要看傑克・倫敦剛收到的某封電報，而這封信果然是別的女人傳來有關他們遊艇之旅的訊息。又有一天，她從廢紙簍裡撿出撕碎的信，那是夏敏恩寫給傑克・倫敦的，可是因爲信的內容是用打字的而且沒有署名，所以貝絲無法斷定寄件人是誰。（她把這些碎紙拿去給妮塔，妮塔又將此事告訴夏敏恩，夏敏恩又轉告傑克・倫敦。）事情發展至此，七月二十四日的徹底決裂日其實並非出乎意料之外。

不過可以斷定的是，貝絲從來沒有懷疑過夏敏恩。更誇張的是，傑克・倫敦竟慫恿夏敏恩和妮塔，繼續當貝絲的朋友，而且要她倆在他離開貝絲後，扮演安慰她的角色。可是夏敏恩對這樣的欺騙頗不以爲然，而且也很不開心，但是她知道自己不這麼做的話，傑克・倫敦和貝絲就可能離不成婚了，所以便成功誤導貝絲堅信拐走她丈夫的人一定是安娜。

「眾生團」的團員完全不知道這對夫妻分手的真正原因。傑克・倫敦和史德林夜夜笙歌所使出的障眼法，徹底混淆了大夥的視聽。當時只有三個人知悉他和夏敏恩的婚外情，那就是妮塔、恩姆斯和愛德華一家人。可是妮塔在晚年時，卻殘忍地告訴艾文・史東，她對這個外遇事件一無所知，如果她能及早發現的話，一定盡全力去阻止。可是早在一九〇三年八月三日，愛德華寫信給這對暗渡陳倉的男女，就可以否定她這種說法：

> 自從你倆為對方傾盡奉獻所有，我才知道你們在這個世上是緊緊相繫相屬的。雖然你們的狀況實在身不由己，可是我依然認為你們是深情而可愛的

一對……沒錯，我將二位視為真愛實踐的崇高模範，而這也是我心中一直抱持的理念。芸芸眾生裡，某個男人和某個女人命定要結合在一起，而他們結合所產生的力量和美麗，會讓周遭的人也深深為之感動。

無法公諸於世的戀情，讓他倆的關係更爲鞏固。這是極不尋常的，因爲很少對他人談到這份感情，所以這種孤立的狀況，反而讓他們不在乎別人的眼光或想法。在現實環境下，他倆只能以通信的方式來彼此溝通，從容地將彼此的所有感觸和愛戀盡情傾訴，這也是爲何他倆結合的力量可以如此強勁清晰。

一開始傑克・倫敦便認爲他與夏敏恩之間的關係，是靈肉合一的：「我們兩個是如此相似，就像你所說的，或許彼此對彼此而言都太過類似了。可是我們之間卻有一個很大的差異，這個差異連接著我倆的相似，讓我們在彼此面前顯得格外卓越……在說了這麼多也做了這麼多之後，我要說，你是女人中的女人；而我也相對希望自己是個不得了的男人。」他喜歡「他倆生理上的親密，為肉體帶來的美好與歡愉感受」，而且認為如果沒有性愛的話，他們在一起的生活會變得毫無意義，「只會充斥著厭倦、煩惱和敵意」。不像安娜和貝絲的傳統，夏敏恩在這一點上與他十分契合。

傑克·倫敦並不希望夏敏恩扮演忠實的侍女角色，而是要和她共同建立一種超越昇華的朋友關係。這個時代正是浪漫主義在小說以及新聞故事類的文學裡，大放異彩的時候，所以已婚夫婦還能當朋友的這種想法，是相當怪異的。一旦結婚之後，女人和男人就有如身處兩個不同的世界——女主內，男主外。史德林、馬汀尼茲和哈波夫婦都是最好的寫照。傑克·倫敦給夏敏恩的愛情宣誓，可以說既新穎又獨特。

他開始對夏敏恩述說他過去愛過的眾多女性，雖然一直以來他總是在愛過後，渴望更偉大的某種東西。一次，他和夏敏恩做愛後，談起了他的理想女性，可是不知怎麼地惹惱了她。他隨即知道自己的理想嚇壞了夏敏恩，讓她看起來既蒼白又脆弱。所謂的理想女性就是具有「男性伙伴」的性質，跟她在一起不會有任何誤解不合，而且她對肉體和精神一樣重視，既重事實亦會幻想。而他自己相對的「一方面是最實際的技工」；「一方面在碰到興奮激動的事情時，也是個想像力豐富且多愁善感之人。他敏銳溫柔，勇敢大膽，會因爲靈魂感動及無懼痛苦而心盪神馳。」這樣的男人會坦率面對人生罪惡，也會輕易原諒他人。

「男性伙伴」是他缺乏自我的投射，亦是對唯美認知的媒介，又是他陽剛形象外的另一陰柔面。他將這種投射加諸在夏敏恩身上，這一點也是一般戀人的典型作法：

你身上許多不為人知的孤獨氣息，深深吸引著我。帶著某種莫名的歡欣之情，我感到自己對你的憧憬更深了……奇妙的是，在你身上，我不但可以找到只有男人身上才有的友誼，同時又可以得到偉大的女性愛情。

這對不願隨俗的戀人，都認爲友誼可以融鑄最強韌的愛情，而這種友誼指的可不是女性服從男性。他們彼此的暱稱「亦夫亦友」和「亦妻亦友」就是兩人平等相處、互相尊重的絕佳證明。如果哪天傑克・倫敦不小心以優異的盎格魯薩克遜人自居，那麼他的愛人一定會嚴詞斥責他，甚至他自己也會自責不已。而夏敏恩若是太過順從，也會因此感到頭痛和沮喪，然後就會發生一些事情，將她從被動的情緒裡搖憾出來。

不過夏敏恩倒是爲他充滿激情的文字感動不已。她深愛的男人碰觸到她最深處的渴望，讓她可以完全表達她的需要，也讓她可以和他產生互補，或居於平等地位。後來，大家批評她要的只不過是傑克・倫敦的名利，這樣的指控錯的離譜。那些在新英格蘭追求她的男人，都承諾過給她富裕舒適的上等生活，而且會讓她有頭有臉。可是她在緬因州嘗試過這樣的生活，卻覺得相當苦悶無趣。傑克・倫敦也曾提供貝絲這種自己過去不曾享受過的優渥生活，但夏敏恩深知傑克・倫敦還能給她更多的東西，他這個人本身就是個危險和冒險，就像夏敏恩在父親彌留那夜所騎的那匹狂野不拘的黑馬。

傑克・倫敦的興奮狀態會因為分開更顯得激烈。他和夏敏恩相處的這幾年，都是抱持同樣的想法。「我總是會說，你對我的意義之深是你無法想像的。見不到你的日子對我來說，有如寸步難行的人生，直到見到你，我才能脫困。」他將夏敏恩當作他的理想女性，把所有可怕的需求加諸在她身上，而她也隨時待命完成自己被賦予的使命。她的能力顯然和傑克・倫敦心中的理想女性十分契合，不過更重要的是，她欣然將這種理想女性當作自我的挑戰，願意成爲他心目中理想女性。

面對傑克・倫敦這個讓她覺得自己既有天賦又特別的男人，順從也變成了「甜美」的事情。沒錯，他狂亂的熱情讓他看起來，好像順從的人是他、犧牲的是他，可是他很清楚知道「女人付出，男人獲得，妳將自己奉獻給我，就是這麼一回事。妳的付出就是冒險，就是可怕的刑罰；我的獲得既不是冒險也不是刑罰……我會欣然地切斷我的手或任何東西，只爲迎頭趕上你」。

十月時，他提議一年內先在夏威夷、內華達州或加州找個地方舉行儀式，然後一年後再舉行一個正式合法的婚禮。「我們會尊重世俗，不過世俗之道對我倆結合的影響微乎其微。」可是夏敏恩否決了他的提議，所以過了很久，他的朋友才知道他倆的情事。他還先立了遺囑，指定她爲受益人，以確保如果他先走一步，還可以提醒她如何應付醜聞的爆發。

第八章　離婚訴訟

一九〇三年下半年，他倆依舊行事低調，避人耳目。夏敏恩回到船公司上班，傑克·倫敦繼續寫作。因爲這兩人在東灣地區都相當知名，所以他們公開見面的機會很少，只能暗地偷偷見面。即使傑克·倫敦匆匆回家探望得了斑疹傷寒的喬安，還是動搖不了離婚的決定。

十二月底，傑克·倫敦完成「海狼」這部巨作。這部曠世巨作描寫的是漢佛瑞·凡偉登（Humphrey Van Weyden）和沃爾夫·拉森（Wolf Larsen）兩人間的對立。人文主義的知識份子凡偉登在一次船難中被「幽靈之船」的船員救了，面對血腥、自私的船長拉森，一場驚心動魄的衝突就此展開。

書中唯一的女性角色茉德·布魯斯特（Maude

Brewster）也是船難的受難者，她在交代不清的狀況下，半途出現於情節裡。茱德的氣質高尙優雅，她健美又聰明，具有新女性獨有的果斷能力。傑克・倫敦加入這個角色之際，正是他與夏敏恩熱戀的時候，而茱德的出現則完全顯示夏敏恩對傑克・倫敦的驚人影響力。從那個時候開始，夏敏恩成爲他攙雜愛情成分的小說中，女性角色的模型。他的眼裡已容不下別的女人。

「海狼」完成了，可是傑克・倫敦發現自己的財務狀況岌岌可危。「野性的呼喚」正在再版中，銷售數字節節上升，但所有的好處盡收麥克米蘭公司的口袋裡，傑克・倫敦只有旁觀的份。在此同時，貝絲向媒體指控安娜拐走她的丈夫，而且堅稱她絕不會答應離婚。債台高築，再加上和貝絲之間的拉鋸戰，身心俱疲的傑克・倫敦用最老的方法來解決問題，那就是旅行。他興高采烈地接受赫斯特提供的合約，帶著筆和相機去採訪日俄戰爭。

在出國前，傑克・倫敦決定由夏敏恩和史德林擔任

「海狼」最後的編輯和校樣工作，同時也指示麥克米蘭公司用他的部分版稅來支付夏敏恩的工資。爲了能夠和夏敏恩保持聯繫，他安排「舊金山分析家報」的某位編輯，做他倆的中間人，替他們轉送信件。傑克・倫敦不希望夏敏恩的情婦身份曝光，因爲這樣一來他的離婚協商就會有麻煩，所以夏敏恩辭掉工作，於二月份去愛荷華州的紐頓（Newton）和朋友相聚。

可是報社的一場混亂幾乎摧毀了他們的計劃。受委託的編輯突然生病了，他的代理人無意中將夏敏恩的信轉寄給貝絲，又沒能將傑克・倫敦寫來的信轉給夏敏恩。傑克・倫敦對夏敏恩明顯的冷淡感到憤怒不已，而夏敏恩甚至和先前去愛荷華時的追求者一起出去跳舞。四月時，傑克・倫敦終於發現問題的癥結，很快的，夏敏恩就收到他的一捆信件。

令人驚訝的是，貝絲並不知道那些信件是夏敏恩所寫的，這或許是因爲信的內容是用打字的，而且署名用的是別名。再加上傑克・倫敦將他和夏敏恩的事，告訴了事先毫不知情的姊姊伊莉莎，請她居中調停，設法讓貝絲冷靜下來。沒想到貝絲一反過去堅決反對的立場，竟提出離婚的要求。她要她的律師爭取傑克・倫敦所有的財產，包括他所有的作品版權。

這場混亂在傑克・倫敦和夏敏恩兩人的關係裡投下不定時炸彈，而且從他後來寫給她的信看來，他似乎把她當作私人的編輯助理。更糟的是，妮塔又介入其中，並要夏敏恩不要因為傑克・倫敦六月就回來而趕回加州。雖然在這種微妙敏感的時候，妮塔的建議有其道理，可是結果卻只會讓這對情侶雪上加霜。夏敏恩還是聽妮塔的話，當傑克・倫敦在五月三十一日發了封電報給她告知他已經回來的消息，她立刻打包行李為愛荷華一家報社，到聖路易去採訪萬國博覽會的相關新聞。從博覽會回來後，就有一堆史德林傳來的電報。其中一封帶來震撼的消息：「貝絲訴請離婚，並告安娜妨礙家庭。」另一封則說傑克・倫敦想知道她回加州的確實日期。夏敏恩沒有回應。

看來傑克・倫敦的作家盛名岌岌可危，因爲除了殺人之外，一個男人最大的罪，莫過於爲了別的女人拋妻棄子，而貝絲正好利用這一點，在媒體上大肆宣傳他的罪狀。他當然知道讀者的道德標準不容侵犯，所以在各方面試圖迎合他們傳統的道德規範。他倆的關係又明顯反應在「海狼」的後半段情節裡，漢佛瑞和茉德兩人漂到一座孤島上，在只有兩人相依爲命的情況下，彼此之間卻還是拘謹生分。傑克・倫敦知道依照常理來說，這兩個人必定會在島上有段性關係，可是他卻不能在當時的讀者面前透露這些，只能以「假正經」的情節讓他的編輯和讀者放心。

本來期待夏敏恩會來接他，可是卻發現她根本沒來，這不禁讓傑克・倫敦心煩意亂，再加上好友安娜遭到貝絲的毀謗中傷，以及一些法律文件等著他領取。那些文件指控他得了性病，還傳染給貝絲（這是當時慣用的罪名）。過了一年分居的生活，沒想到貝絲的指控，一下子就將單純的遺棄案件變得錯綜複雜。面對他的反抗，她說她打算凍結他的財源，絕對不會答應放他自由。他沮喪地將目前的詳細狀況通知夏敏恩，並說「我不懂你爲什麼還不來加州，尤其現在我還得和貝絲耗上一陣子。或許你會突然就出現在這一團混亂中，或者你會永遠置身事外。無論如何，你想怎麼做就怎麼做吧。假如你一定要等到我離婚後才回到我身邊，這也是理所當然的，不過這樣一來，我們可能得分開好幾年，甚至等到妳死了埋了，才有再見的時候了」。同一天，他也將火車票寄給她。

可是夏敏恩還是沒有回來。傑克的壓力終究敵不過妮塔的壓迫，妮塔甚至說服傑克．倫敦乾脆搬到格蘭艾倫來好好工作。他照辦了，開始寫了幾篇東西，集結成「男人的信念」（The Faith of Men），以及極具改革思想的短論「階級戰爭」。一場古怪的戲碼就這樣上演了。妮塔、傑克．倫敦和夏敏恩三位在談到傑克．倫敦的手稿時，表現得既有效率又實事求是；可是一牽扯到這對情人的感情計劃，彼此的反應卻又互相矛盾而狂亂。

最後，妮塔終於認淸，傑克・倫敦的工作是當前最重要的事，而夏敏恩又是他不可或缺的最佳助手，因此她大發慈悲，不再那麼堅持己見了。於是夏敏恩發了一封電報告訴傑克・倫敦她要來了，兩人終於在八月初相聚。幾年後，她和某位朋友談及此事時，寫道「我不認爲他真正原諒了我。他一直孤軍奮戰」。

第九章　欺騙

夏敏恩發現在車站等她的是個與過去截然不同的傑克・倫敦。他生氣，但是沒有表現出來。他倆在格蘭艾倫歡愛了幾天，然後他就突然離開前往奧克蘭。同時他們也達成協議，夏敏恩必須辭掉工作，專心做他的編輯助理和秘書。她沒有實質薪水可領，但是可以擁有傑克・倫敦的所有手稿，幾年來傑克・倫敦謹守這個承諾，即使外面有許多人提供更優渥的條件，要買下他的手稿，他依舊始終如一。他過世後，這些手稿果然成爲最具價值的保障。

回到奧克蘭後，傑克・倫敦又再度和「眾生團」及灣區人事接觸頻繁。而夏敏恩的日常生活跟她在緬因州的日子沒什麼兩樣：彈琴、健行和閱讀。她的鄉間生活盡是些體能上面的活動，於是她開始想念都市生活的美好－看戲、音樂會、在高級餐廳高談闊論。傑克・倫敦的來信總是洋洋灑灑描述舞會或其他有趣的事情，可惜她都錯過了。

九月份時，有一次「眾生團」搭船出遊，傑克・倫敦對布蘭琪・帕丁頓（Blanche Partington）頗有好感，很快就發展出戀情。夏敏恩在他的信中看出冷淡的意味，可是他極力隱藏。

傑克・倫敦不是唯一欺騙她的人。她很少到奧克蘭，不過偶爾會跟「眾生團」的姊妹相聚。現在她們已經知道她就是傑克・倫敦婚姻破裂的主因，所以總是刻意安撫，替傑克・倫敦隱瞞他帶著布蘭琪同進同出、甚至上床的事實。她們認為夏敏恩該為欺騙貝絲而受到懲罰，而且活該跟貝絲的際遇一樣，被傑克・倫敦拋棄。十二月時，史德林夫婦還邀請她參加史德林的生日宴會，甚至在她逗留奧克蘭期間提供她住處，可是夏敏恩完全不知道這對夫妻內心對她的真正感受。

到了冬天，她終於察覺到事情不太對勁。一方面是傑克・倫敦的許多行爲改變了，而且這些轉變從他和「眾生團」開始遊艇之旅後就出現，她正確無誤地判斷出，他和布蘭琪的戀情。除此之外，她也發現他還有其他女人。她承認自己是個善妒的女人，認爲「只有我嫁給他的那一天，我才會因爲自己是他唯一的女人，而感受完全的滿足」。

十二月的一個下午在格蘭艾倫，日落的陽光緩緩拖著腳步而去，夏敏恩告訴傑克・倫敦他可以走了，她不想再將他綁在身邊了。他不動聲色地盯著她看，然後不發一語地離開房間。不到一分鐘，他衝了回來對她說：「妳從來沒有像現在這樣惹人憐愛過」。她這時才知道「我有一種無私的用處：他需要我……而我深愛著他」。幾天後，她又說了同樣要放他自由的話，可是依舊被他拒絕。後來夏敏恩才知道，原來傑克・倫敦以爲她說要放他自由，指的是她要以死殉情。沒想到這對喜愛十九世記浪漫詩文的傑克・倫敦來說，會是一種致命的吸引力。

夏敏恩回到東灣後，停留了兩個月，順道檢查她在柏克萊某個房產的狀況。因爲傑克・倫敦對她重燃熱情，再加上史德林夫妻讓她有賓至如歸之感，所以她非常快樂。傑克・倫敦同樣因爲有了新的任務而振奮不已，他將在演員白蘭琪・貝特（Blanche Bates）的指導之下寫劇本。

二月時，夏敏恩回到格蘭艾倫，傑克・倫敦和「眾生團」的一些朋友到沙加緬度三角洲去航行。而甚至傑克・倫敦得知夏敏恩因爲太常從二十二呎的高台上跳入冰冷的水中，而爲耳疾所苦，也沒有表現多點關心之情，只是囑咐她，別忘了校對他的「階級鬥爭」，還有寄發他的劇本，另外還要寫些鼓勵的話給悶悶不樂的史德林。有一天，她在日記本上，寫下不像她的個性會寫的字眼：「下地獄去吧！」

三月時，傑克・倫敦沮喪地來到格蘭艾倫，不過她知道他冷淡古怪的行爲不是針對她。他後來稱這這段沮喪期爲「尼采式『長期疾病』」，因爲這個世界的可愛之處，看在他眼裡變得毫無意義。終於，在她一臉驚駭下，他承認問題的根源在於癌症（雖然當時最令人懼怕的應該是梅毒）。死亡似乎永無滿足之日，並非他害怕死亡，而是他的成功、名聲、滿足和金錢在死亡後，全都變得一點意義也沒有。他是如此接近自己一直想達到的目標，可是在此同時，他也發現自己的兩手隨時有可能空無一物。

妮塔和夏敏恩都催促他在安靜又甜美的格蘭艾倫調養心靈。可是他拒絕了，於是夏敏恩和傑克・倫敦兩人騎著馬越過峽谷，直奔那帕的遊艇停泊之處。這次旅程具有十分重要的意義：傑克・倫敦後來所寫的「占板」（Planchette），部分是以這次事件爲基礎；而這件事在夏敏恩爲傑克・倫敦所寫的傳記中，也占了極大篇幅。

騎過長滿蕨類植物的峽谷，還有閃耀著露珠的花田，夏敏恩覺得傑克・倫敦就要永遠離開她了。突然他轉而滔滔不絕地談著在畫眉之家的生活。他當時的種種感觸全都收錄在「占板」這本書中，他在書中描述一對戀人之間的情慾：

似乎萬事萬物一起撮合他倆的結合－他們的身體不停地律動，呼喚出體內最原始的獸性；緩慢興奮的血液輕撫軀體，一遍遍用柔軟無比的健美之力；熱情的風吹拂著臉，輕柔又強勁的撫觸掠過肌膚，滲透他們、沐浴他們，讓人敏感又暈眩，達到感官的極樂；世界之美變得更加微妙，全數降臨其上，心靈和肉體的極樂是神聖的。雖然難以言喻可是卻又易於傳達，透過眼光的傳遞，靈魂的面紗自然褪去。

對夏敏恩來說，「總之就是奇蹟吧，他終於從陰暗的谷底爬出來了。」在那一刻，他承諾將終身交給她，並興奮喜悅地談到以後要搬進像畫眉之家那樣的小屋，由他的韓國侍從曼庸基擔任管家。

他在山坡的頂端收住轠繩，將他的手放在她的肩上，這是他最近幾個星期少有的舉動，並謝謝她把他從深淵中拉出來。

第十章　傷痕累累

對於自己的健康狀況，傑克・倫敦表現得有些杞人憂天；他唯一的毛病就是痔瘡，只要進醫院動個小手術即可。於是夏敏恩騎馬又搭船，專程到奧克蘭陪他，兩人在醫院也可以順便一起工作。她日後曾說道：「這段日子對他和我而言，是個轉捩點。我們更了解彼此，以及彼此的需要與價值。『眾生團』的朋友和他之間，為了我的事似乎有不少爭執，可是他依舊忠於自己的想法。

在遭到拒絕的難堪後，布蘭琪輕易地慫恿「眾生團」一致抵制夏敏恩；夏敏恩和史德林夫婦還是保持友好的關係，貝絲則加入了這場混戰。「眾生團」向傑克・倫敦抱怨夏敏恩是破壞婚姻的第三者，而傑克・倫敦則力挺他的愛人，予以嚴詞反擊。成為眾矢之的的夏敏恩或許只是可憐的代罪羔羊罷了；爲了她，傑克・倫敦放棄了「眾生團」，也打消搬到預定大興土木的藝術家殖民區「嘉美樂」（Carmel）的念頭，反而搬到北部的格蘭艾倫。不知情的夏敏恩無視緋聞滿天飛，依然應邀和布蘭琪一同去欣賞歌劇，只是她奇怪地發現，原本相當熱愛這種高級藝術表演活動的傑克・倫敦，不知爲何卻表現得「極不自在，而且異常地全神貫注」。

五月時回到格蘭艾倫，傑克・倫敦才對夏敏恩吐露布蘭琪和「眾生團」抵制她的事情。夏敏恩才發現原來那些「親愛的朋友們」個個都是些虛情假意之人，這個事實遠比傑克・倫敦不忠還來得震撼。整個秋天就在這樣喧鬧混亂的狀況下過去，夏敏恩也被那些惡意的攻擊和毀謗弄得傷痕累累，原本喜愛交際的個性因此而退縮，徹底地向自己孤僻的天性妥協。

不過，夏敏恩的特質就是如此，她後來還是和布蘭琪保持聯繫，而且兩人甚至變成終生的好友。一九〇七年，這兩位女性甚至親密地共同回憶那段不堪回首的往事，此後，兩人對彼此的好感便與日俱增。布蘭琪會送夏敏恩玫瑰花，而夏敏恩也原諒這位過去的情敵，並聲稱就是因爲知道傑克・倫敦有多麼惹人愛，所以她無法討厭曾經愛過傑克・倫敦的女人。

凱莉堅持要和夏敏恩撇清關係，所以史德林只好在九月份，獨自前往格蘭艾倫和傑克・倫敦講和。他還做了一首詩，讚美夏敏恩有如紫蘿蘭般「嬌弱又溫柔」。從這點就可明顯看出，他已全然接受夏敏恩。幾年來他寫給傑克・倫敦的信上，也總會順道問候夏敏恩，甚至還會開開她的玩笑。他暱稱她是「夥伴」，也會和她通信。因此實在很難理解史德林會在他倆結婚後，排擠夏敏恩。

爲了慶祝大家打破僵局，這三人相偕到城裡去狂歡了幾天。後來，賽維爾・馬汀尼茲邀請傑克・倫敦和夏敏恩到他位於舊金山的工作室，並爲傑克・倫敦畫了一幅肖像畫。安娜在得知他倆就快要結婚後，特地送夏敏恩百合花。傑克・倫敦奉為圭臬的社會主義精神導師弗德利克・班佛，也向他敞開了雙臂。這些小動作雖然不多，但是卻讓夏敏恩原本充滿陰霾的心情轉好，而且在得知傑克・倫敦在十一月底就可以離婚後，更鬆了一口氣，因為他們兩個再也不需要躲躲藏藏了。

第十一章　社會主義

在一九〇四年那段煩躁又難熬的日子裡，傑克・倫敦找到了新的靈感和希望。

若說史賓塞、達爾文和馬克斯在他二十幾歲時扮演舉足輕重的地位，那麼到了三十出頭，尼采則取而代之。一九〇四年秋天，傑克・倫敦首次發現尼采的作品，當時他正在撰寫「海狼」。他一如往常儘可能研讀眾哲學家的書籍。當一九〇五年夏天夏敏恩感到煩惱時，傑克・倫敦拿「查拉圖斯特拉如是說」（Thus Spake Zarathustra）給她看，以提振她的精神，而她也的確從這本書中獲得極大的安慰。尼采主張「世界屬於堅強的人……那些絕不妥協之人」啓發了傑克・倫敦的靈感。傑克・倫敦常否認自己熱中尼采著重自制的理論，因此逐漸擺脫社會主義的幻想，並試圖以自己的方式和見地取代這個理論。

日本和朝鮮半島的經驗更加強化他對盎格魯薩克遜的優越感。他在寫給夏敏恩的信中指出，日本女人幫他洗澡的時候盛讚他白皙的皮膚，也渴望從他口中探聽白人世界的新聞；他還批評韓國人盡是些虐待牲畜的野獸。這種優越感具體反映在他帶著一位韓國廚師回國，充當他的私人助理和侍從。

一九〇四年至一九〇五年間，種族優越論引起全美社會黨員的分裂，但是黨的領導階層不願因此而失去傑克·倫敦這位發言人。他的離婚事件引發全國性的批評聲浪，卻也因此聚集更多目光焦點，這證明聲名狼籍的人還是比較容易吸引大眾的注意力。這種大眾心理就是他日後生活的兩大動力之一（另一個就是夏敏恩）。一九〇五年他更是擅用此點將大眾耍得團團轉。

傑克·倫敦連蜜月之旅也不得閒，風塵僕僕搭上髒亂不堪的火車，前往東部做巡迴演說。夏敏恩在結識傑克·

倫敦以前就是忠實的社會主義者，因此她由衷贊成他的巡迴演說。她在寫給弗德利克・班佛的信上就說道：「雖然他是我的傑克・倫敦，但是我知道這世上還有人也非常需要他。知道自己愛的是個無私忘我的男人是件很棒的事，比被寵愛的感覺更棒。」

結合社會主義演講的蜜月旅行都嚇不了夏敏恩，那麼媒體的狂熱更不會讓她退卻了。這個倉促的婚姻爲這對新人帶來大量的後續效應。先前針對道德問題大作文章的媒體，此時切入更爲新鮮有趣的話題。這對新人的照片和新聞被刊在報紙頭版，尤其夏敏恩的照片常常要比傑克・倫敦的大而明顯。有些最精采的故事都是「不小心」從傑克・倫敦自己的嘴巴說出來的，又正好被飢渴的記者聽見。所以他也訓練夏敏恩擅長此道，以便她在十二月時首次接受「波士頓美國報」的專訪時，能一切順利。她的興趣是？傑克・倫敦。她的理想是——社會主義。她爲什麼愛他——因爲他讓她做自己想做的事，所以她難道不該以此回報？他抽煙又怎麼說？她一點也不介意——香煙只不過是他的消遣而已。這種塡鴨式的媒體應對訓練讓她感觸很深，她不時告誡別人：「永遠別相信報紙上寫的東西。」

既然他們這輩子都得面對這種瘋狂的媒體，傑克・倫敦便設計了一種測驗鼓舞夏敏恩。在波士頓當被問及是否想實地觀察切除盲腸和腦部手術的過程時，她猶豫了一會，接著便說她願意，因爲：「我伴隨著一顆閃亮的彗星而行，不畏艱難深入戰地或到各地旅行。我不能讓我的男人失望，讓他以爲我是個懦弱膽小之人。這對我來說正是絕佳的機會和準備，我有絕對的勇氣。」沒錯，勇敢的她無所畏懼地走進牲畜欄裡，甚至到醫學院的解剖室。這些插曲終於讓傑克・倫敦真正相信她不屈不撓的勇氣。

爲紀念自己對夏敏恩的愛情，以及對社會主義的熱愛，傑克・倫敦開始動筆寫一個工人革命的故事「鐵政」（The Iron Heel）。這個故事以七百年後被發掘的歷史文獻模式呈現。故事裡的主人翁作家愛維絲・埃伍華（Avis

Everhard）以充滿革命性的口吻，報導她參與一九一二年至一九三二年間起而反抗獨裁政治和鐵血政策的過程。

這本小說和傑克・倫敦其他作品的精神一樣，都在歌頌女性的勇氣和決心。當歐尼斯特被關在牢裡的時候，愛維絲便毅然決然挑起指揮革命計劃。傑克・倫敦用這種方式讚許夏敏恩在他的理念中所扮演的角色，以及他對兩人同志般情誼的認定。這位跟他一起站在解剖台邊的女性毫無退縮的意念，而且面對批評責難時依舊一臉傲氣；這樣的女性絕對是革命事業的最佳幫手。

第十二章 追夢的人

兩個截然不同的夢想亦步亦趨地引誘著這對夫妻。這兩個夢想都是一九〇五年的夏天，在巡迴演講之前陸續產生的。第一個夢延續傑克・倫敦的牧場之夢；另外一個在傑克・倫敦寫給史德林的信裡，談到他的計劃：「我打算丟下一個又重又大的錨，讓整個地獄都翻不了身。」傑克・倫敦打算打造一艘四十五呎的帆船航行全世界，夏敏恩、傑克・倫敦和恩姆斯・伊恩斯的確認真地討論喬舒亞・史洛肯（Joshua Slocum）的「浪花之旅」（Voyage of the Spray）。遊艇老手、也曾一度是渡輪船長的伊恩斯認為傑克・倫敦的想法是可行的，有了他的鼓勵，傑克・倫敦定了一套農場建設與造船雙向並行的五年計劃。後來在夏敏恩的施壓下，傑克・倫敦將環遊世界之旅大大提前，以便趁他們還年輕有活力的時候完成。

所有的設計皆出自傑克・倫敦的想法。這艘船沒有船艙，甲板完美，而駕駛艙則設在甲板之下，這樣一來即使遇上惡劣的天氣，駕駛人也比較不會受到影響，但麻雀雖小，五臟俱全，七十馬力的馬達無論在港灣或河流都能航行自如。朋友們七嘴八舌地提供船名，不過傑克・倫敦和夏敏恩還是從李維斯・卡洛（Lewis Carroll）的詩中，挑選了「蛇鯊」這個名字。

最重要的是，他堅持選用最好的材料來建造這艘船：鐵製的龍骨、紐約造的引擎、普吉灣木材做的甲板，和堅固耐用的四個防水隔間。他喜孜孜地用幫浦、槓桿和水閥打造船上的浴室。那些很少在灣區外航行的當地遊艇水手看他如此大手筆打造一艘遊艇，都忍不住嘲笑他。

傑克・倫敦的船終於現身於舊金山安德森船廠時，他們更是毫不掩飾地嘲諷「倫敦的愚蠢」。傑克・倫敦一開始就後悔雇用恩姆斯監督這整個造船計劃。他的朋友之中沒有人夠資格執行這項工作，而恩姆斯更不必說了，每項工程的進度都落後，只有帳單來得最準時，而且費用總是莫名其妙地高漲，其中許多支出細項更是誤報。原本總預算是七千元，實際的花費卻飆漲到三萬元。

船終於打造完畢，傑克•倫敦特地大費周章地繞著這艘新船巡視一遍。有好幾次他和夏敏恩打算進城搭上這艘原本應該已經建造完成的船，但總是被告知船還需要兩個星期才能完成，兩個星期過去了，又說還需要再等兩個星期。所以，出航日從原來預定的一九〇六年十月，一直拖延到十一月，然後又延到一九〇七年四月；有群惡劣的女性朋友，竟開始打賭下注究竟首航日是哪一天。「我不知道爲什麼，我那些從來不敢賭博的女性朋友，竟然爲了我的船而一個個大膽地加入賭局。而我也真的付賭金給她們。」

造船期間發生了一件驚天動地的大事，以致於工程不得不停頓下來。一九〇六年四月十八日淸晨五點鐘，劇烈的搖撼將夏敏恩震醒。半個小時後，她和傑克・倫敦騎著馬到索諾馬山頂。他倆站在山巔之上，俯瞰山下聖塔羅沙的鄉間各地瀰漫著大大小小的煙霧團，有些甚至從舊金山越過金門灣飄往南邊，地震造成了嚴重的傷亡，而且有許多人正在垂死邊緣。

這場地震在傑克・倫敦的生命中激起劇烈的浪花。城裡各種建材的價格，因地震而水漲船高，而且除了家園重建或民生必需，這些建材不得挪做私人之用。所以回到舒適的索諾馬山麓後，傑克・倫敦將母親住的奧克蘭住家抵押出去，並接下商業作品的寫作工作，才能在黑市以高價購買建材，繼續完成他的「蛇鯊號」。由於建造期拖得太久，整個船體尚未完成，就已經有許多部分破損不堪。一九〇七年一月一日，傑克・倫敦邀請了幾十位朋友來參加下水典禮。當蛇鯊號搖搖晃晃地在下水台上滑動時，刺耳的嘎嘎破碎聲不絕於耳，似乎災難就要來臨。沈重無比的船身沿著支撐架緩緩沈入下面的泥濘中，觀眾也只能無助地在一旁看著。抱怨連連的傑克・倫敦差人將雙桅帆從水中撈起，並運送到奧克蘭徹底整修，以便趕上預定的四月份首航。只有傑克・倫敦、夏敏恩和恩姆斯在駕駛雙桅帆船上有點經驗，但也僅止於在舊金山灣內航行而已。

第十三章　夥伴關係

以前傑克・倫敦曾說，女人最好別跟生活和冒險扯上關係，但是夏敏恩的表現讓他很快就改變這種想法，他要夏敏恩參與他的所有活動。傑克・倫敦和夏敏恩遵循「航行佳偶、社會主義夥伴」的原則，更凸顯兩人愛情的終極表現。這對夫妻間夫唱婦隨的和諧關係，對那些將夫妻關係關成兩種分離領域的傳統美國人來說，是非常怪異的，就連他們文藝界的朋友也深不以爲然，因爲這些藝術家認爲女性只能被當作繆斯、情婦，或是順從的家庭主婦，只需要服侍男人的需要。當然，假以時日傑克・倫敦夫妻「不尋常」的關係會受到媒體和女性雜誌的推崇，但遺憾的是並未被他們的文人朋友全然接受。

談到這對夫妻的夥伴關係，雖然這是他們之間相處的基本模式，但不可否認他倆在心理層面上，仍存有某種暗中較勁的成分。傑克・倫敦會非常驕傲地形容夏敏恩像個男孩似的，或像「永遠不氣餒的孩子」。當然，他這種說法是一種恭維，因爲青春和活力對他而言，是十分重要的價值，所以當被他人形容是有顆「赤子之心」時，他會相當自豪。雖然夏敏恩是個很好的「玩伴」，但傑克・倫敦似乎輕忽她的成人技能和成熟的情感表現。

夏敏恩總是知道自己比傑克・倫敦年長，所以她並不是個被愛沖昏頭的小女孩，而是散發著母性的光輝到一種瀕臨寵溺的地步。他是她的「寶貝」，她願意做任何讓他快樂的事情，以彌補童年時期的失落。「我努力提供過去他不曾擁有過的東西。」所以她成了他的守護天使，同時也是他的伴，而且不厭其煩地建議他周遭的朋友該怎麼做，才能討他歡心，同時又極力捍衛他的隱私。

無論他們的心靈如何相契，在掌控權這個問題上兩人卻曾奮戰過。傑克・倫敦通常扮演挑釁的角色，他種種怪異的行爲模式會讓夏敏恩躊躇不前，直到兩人之間重新建立新的平衡點，從這種明顯的支配關係，可以看出傑克・倫敦其實是作主的人。然而，夏敏恩卻用某些沈默和持續不斷的方式，從傑克・倫敦身上得到她想要的，雖然有時候夏敏恩也會很痛苦，但是她不是個軟弱的女人，她知道如何以迂迴的方式處理她和傑克・倫敦之間某些劍拔弩張的相處過程。

他倆首次共度假期的情形就足以證明「夥伴關係」實踐的高度困難。首項爭辯的就是「財務」問題。夏敏恩老早習慣於經濟獨立的生活，所以她滿心以爲自己投資柏克萊不動產所賺的錢，可以留作己用，當然也可以自己管理帳戶，但是傑克・倫敦卻持相反意見。「關於這點他認爲沒有討論的餘地。看他的神情彷彿蒙上了一層冰霜似的。不過想到這是我深愛的男人，我想做個愛情奴隸也是甜美的。」

同樣的，傑克・倫敦比較喜歡她穿有蕾絲或絲綢質料的服裝，或是毛皮大衣，而且也會常常購買珠寶飾品給她。由於有貝絲的前車之鑑，所以儘管外人在背後說她自視甚高又膚淺時，她還是一派奇服打扮。

雖然看起來傑克・倫敦似乎在某些方面徹底改造了夏敏恩的生活，但是這並不表示男性的觀點主導一切。比如夏敏恩非常堅持必須擁有個人的房間，這當然包括有一張屬於自己的床。這種想法主要是因爲她失眠的緣故，所以不希望有任何讓她分神而無法入睡的事情來打擾她。枕上的傑克・倫敦常翻來覆去、喋喋不休，又常有深夜的聚會，所以他可不是個容易相處的枕邊人。因此對於夏敏恩的要求，他二話不說就答應了；既然他喜歡擁有完全屬於自己的空間，那麼她爲何不行呢？

但是分床而睡並不代表他兩人的性關係就不協調。夏敏恩不能理解那些結了婚的女性朋友爲何要禁慾。傑克・倫敦那些娶了這種禁慾女性的朋友，當然不能了解夏敏恩坦白的肢體語言有多動人、有多讓他感到滿足，因爲他不需要再將女性分成母親和情婦兩種不同的角色。他們兩個性愛合一，合作無間；夏敏恩在日記中透露傑克・倫敦「愛我愛到欲仙欲死」。

他們的生活步調大致和諧，不過細看他們的日常生活習慣，就不一定如此。兩個人擁有各自的世界觀，所以截然不同的觀點總是能碰撞出驚喜和新奇的火花，爲生活增添鮮度。

比較起來夏敏恩比較無憂無慮，而且容易自我滿足，所以她並沒有征服世界、掌握世界的渴望。回溯到童年，她的生活充滿擁抱和歡迎，而不是奮鬥掙扎。在傑克・倫敦的眼裡，她是個不知畏懼爲何物的女性。他爲了準備工作必須花上幾天閱讀相關書籍，她卻恣意地去做。他曾說：

妳完全不知道自己做事情的態度，就這麼放手去做了。有時候做得不好就不想再做了。我就實際多了，所以我可以成為一個好老師。妳呢，親愛的，就像個生嫩的老師！就拿今天的騎馬課來說吧。妳騎馬的方式好像第一步就想跳進這個世界裡似的。

他是對的。在她自然而然吸收所有事物的同時，他卻要在事前仔細計劃好每一步驟。結果，她變得比較有耐心，而且會幫助他往事情長遠的一面看去，遙遙無期的蛇鯊號首航就是很好的例子。

夏敏恩的自我教育侷限於藝術和人性的學習。在社會和政治議題上，她常常用傑克・倫敦的態度或方式應對，在社會主義立場上尤其如此。她以前就是社會黨員，只不過並不活躍，在傑克・倫敦的鼓勵之下，她在奧克蘭成立了第一個女性社會主義社團。社團的首次會議當中，她受邀上台演說，她說「這是我第一次站在台前演說。如果我要成爲殉道者，那我一定是社會主義的殉道者。」接著，便洋洋灑灑地陳述女性薪資的合理化議題。此外，她也爲首屆一指的社會主義大報「威夏爾報」（Wilshire's）寫了幾篇相關文章。

其實將兩人緊緊拉在一起的是傑克・倫敦的工作：他的文學作品、農場的一切和帆船之旅的計劃；還有他們一起出現的所有公眾場合。身爲傑克・倫敦的秘書與編輯助理，夏敏恩感到非常榮幸，並不以爲這樣的工作有貶低身份或大材小用的感覺。她認爲嫁給一個能善用她能力和天賦的人，是相當幸福的事情。她可以自力更生，這比她在船公司工作的成就感還來得大。

他們兩人的日常作息有如例行公事一般。傑克・倫敦習慣早起閱讀，夏敏恩則常常天快亮了才去補眠。兩人一同用過早餐後，他會執行自己訂下的每日一千字文章的規定；她就在一旁謄打昨天的文章。吃過午餐後，他們和幾個朋友在畫眉山莊的會客別墅小聚一番。下午的時間就用來游泳、騎馬，或做一些其他的戶外活動。傍晚是他倆最喜歡的做愛時間。到了晚上，登場的節目是玩牌、音樂表演和朗誦。

一位曾到農場造訪的記者是這樣描述夏敏恩的：

……她騎馬的速度像風一樣飛過。她修理各種東西的模樣值得一看。另外她還得整理一疊疊的原稿做付梓之用，將頁數整理妥當，仔細校對文章，將他上百封待寄的信都用打字機打好，整天忙得像蜜蜂似地團團轉……

艾加·拉金（Edgar Lakin）也在傑克·倫敦的農場作客，他見過夏敏恩只消走進室內對傑克·倫敦使個眼神，就可以輕易打斷他們的早餐會談。一句話都不必說，大家就知道八點三十分的工作時間已經到了。

第十四章　啓航

蛇鯊號的啓航日愈來愈接近了，夏敏恩負責指揮裝載船上的各種貨物，工人們對她豐富的裝卸知識印象深刻。一車車木柴、煤炭、蔬菜、毯子罐頭食物和書籍將整艘船補充妥當。攝影器材也經過特殊的包裝，以防範熱帶地區的高溫和潮濕。工人將衣物、捕魚用具、槍枝、魚叉，以及大量的紙張，包括打字用的、供傑克・倫敦塗鴉用的和夏敏恩寫信用的紙張，都全數打包完成。因爲裝載的東西過多，延誤了兩天才正式出航。

四月二十三日，曙光照射在港口絞盤邊的幾千名觀眾身上。許多攝影師和記者聞訊後蜂擁而至，因爲他們認定這是最後一次見到蛇鯊號和它的船員了。好奇的觀眾當中當然包括舊金山、奧克蘭的藝術家和作家，還有「眾生團」的團員，他們將吉米．哈波藍金色的大學毛衣掛在桅頂上。蛇鯊號舉行過啓航儀式後，便轉向狹窄的金門灣海峽而去。

夏敏恩描述她在那個出航早晨的心情：

我新婚的第一年，也是我人生當中最快樂的一年就要結束了。我比原先期待的還要快樂許多，而我的丈夫傑克．倫敦也抱持相同的看法。這一切美妙如夢一般虛幻，可是卻都是真的。我們的生活是如此完美快樂。現在，我們前方佇立著現實生活的冒險旅程。很快地，我們就要航向南太平洋諸島，那不是無法觸及的夢，而我相信幸福喜樂會永遠地追隨我們。

蛇鯊號駛向落日美景，不過後來的航行過程卻一點也不浪漫。通過金門灣海峽後，這艘原本英姿煥發的船在洶湧的浪濤中搖擺不定。「真不想再看到陶其吉那副要死不活的模樣」，夏敏恩悲哀地說道。陰霾的天氣讓他們都提不起精神來。於是夏敏恩開始花了幾天的時間將引擎室、浴室、兩間臥鋪和艙房的髒污、油漬和垃圾清理乾淨，藉此甩開鬱悶的心情。整條船上似乎只有她和傑克・倫敦受不了那些髒亂。

接著，夏敏恩也崩潰了。「這真是非常刺激的一天：傑克・倫敦刮著鬍子，我洗著臉和手。」任何劇烈的動作都會引起嘔吐，所以夏敏恩乾脆坐下來仔細修剪她的指甲，前後花了大概有四個小時。

先前傑克・倫敦曾宣稱蛇鯊號是最堅固的船，但沒想到它實際上卻是「漏洞百出」。船的側邊和底部都漏水，連駕駛艙也淹水，還得一瓢瓢將水舀出去。位在密封艙房之後的油槽照理說是不可能漏的，但是也不知怎麼回事滲出油來，不但污染了食物，而且將整艘船變成一個隨浪漂流的不定時炸彈。發電機也罷了工，在沒有電力的情況下，燈也沒功能了。再看看傑克·倫敦驕傲的浴室，水管在第一天航程的時候就裂開了。

第三天，強風呼嘯，將船首的三角帆和支索帆吹跑了。淹水的情況更加嚴重；引擎還是固執地一動也不動。船在浪濤間時，可以清楚看到一百噸的巨浪。蛇鯊號也拒絕拉起。傑克·倫敦索性豁了出去，將一個異常精緻的錨拋出去，於是這艘漂浮的船只能無力地拖著錨走。當所有暈船的男性船員在問題百出的狀況中疲於奔命時，夏敏恩沈著地掌著舵。顯而易見的，大家後來能倖免於難，全賴她的膽量和驚人的適應力。其他人在沮喪數日後，都認定這趟旅程「只不過是在起伏不定的湖上飄來盪去罷了」，只有她擔起責任，遞補無能和怠惰的別人，自告奮勇地擔起大副的工作。

傑克·倫敦因爲問題層出不窮而沮喪不已，夏敏恩勸他要忍耐。所以傑克·倫敦見她面對危機時還是一派樂天的態度，對她更是既欽佩又著迷，毫不避諱地在大夥面前稱她「好手」或「船長的甜心」，他知道這兩個稱呼對她的意義是相當大的。

傑克・倫敦一直想向夏敏恩證明：「擁有他這樣男人，可以說是最幸運的女人」，於是他從船上的圖書室找來航海方面的書籍，自己學習相關設備和圖表的知識（此次經驗，讓他後來在讀者面前意氣風發，因爲這證明年輕人也可以自學成功。）五月十七日，如傑克・倫敦所預測的日期，所有船員都聚在甲板上，看著遠方緩緩起伏地平線上，覆雪的夏威夷火山頂。五月二十一日，經過二十六天的折磨，他們終於滑進檀香山港口，這真把岸邊的群眾給嚇了一跳，因爲他們從報上得知傑克・倫敦夫婦早就迷路，並推斷已經沒有生還的可能。

一般人知道傑克・倫敦夫婦深受夏威夷美麗的景致、人民的好客和對痲瘋病患的好奇所吸引，但卻鮮少人知道他們的私生活。表面上看來他們花了五個月遍遊夏威夷島，盡情參加舞會、懶洋洋地躺在沙灘上、快活地衝浪，或是騎馬快意地馳騁在十五萬英畝的牧場？這些都是事實，但他們該做的工作可都一點也沒少。

第十五章　重重壓力

無論他們抵達何處，所做的第一件事就是將住所整理成辦公室。隨便找來的桌子很快地就會堆滿廢紙團、散亂的手稿和陶其吉每天早上削好的幾枝鉛筆。夏敏恩會將她心愛的打字機放在桌上的錄音機旁邊。只不過他們倆寧願工作，所以很少聽音樂，他們帶著的三百多捲卡帶主要都是語言教學帶，如果哪天船要停靠在非英語系國家時，船員們至少還可以藉由這些教學帶學習當地的語言。

他們抵達夏威夷的第一天，就收到「鐵政」的退稿。不過他並不在意，在溫暖的亞熱帶氣候包圍下，他動筆寫了另一篇經典之作「熊熊烈火」（To Build a Fire），故事主要描述一個男人在冰天雪地的育空奮鬥的故事。航行途中，夏敏恩也不得閒，還得幫傑克・倫敦謄打「馬丁・

伊登」的原稿，光是這本書就折騰了九個月之久。之後在夏威夷島上雖然有不少活動得參加，但是傑克・倫敦還是每天固定交給夏敏恩至少九篇的文章和故事。

旅行除了拓展他們新的視野之外，當然也深深影響兩人的互動關係。傑克・倫敦一路上觀察夏敏恩，對她勇於接受挑戰、克服困難的個性更加佩服不已。「飄泊」出書後，傑克・倫敦就在夏敏恩手上那本題了幾句話：

我親愛的：

你的巧手是我的最愛，這雙手任勞任怨地為我工作忙碌，又以溫柔靈巧的姿態演奏音樂。這雙駕駛蛇鯊號走過大風大浪的手，從沒因為畏懼而發抖過，總是堅定和強壯。這雙輕撫我頭髮的手帶著濃情蜜意，它們攫住我時，又堅強如我忠實的同志，這雙手也是全世界唯一能撫慰我的手。

你的愛 傑克・倫敦

沒錯，他以她爲傲，甚至鼓勵她創造自己的名聲。婚前，夏敏恩已經發表過各種不同的文章，再加上她在「大陸雜誌」工作的經驗，熟知各項編輯流程，所以傑克・倫敦的想法是可行的。在這趟海外旅行之前，他們就已經決定盡量將時間空下來，讓夏敏恩有多餘的時間好好寫日記，再將她所撰寫的日記交給妮塔，由她負責交給朋友們傳閱。傑克・倫敦從這些素材看到出書的可能性極高，於是便鼓勵她將這些文字整理集結成書。剛開始對夏敏恩來說只不過是例行公事，結果演變成主要的工作。在幫助傑克・倫敦做了許久寫筆記、打字和謄寫的繁重工作後，現在她終於有機會開始寫自己的東西了。

他們的工作步調相當驚人，從傑克・倫敦寫給史德林的信就可一窺究竟：「今天早上五點抵達，接下來三小時不停地閱讀信件。光是交代夏敏恩如何回信就花了一天的時間，這當中連看報紙的時間都沒有。夏敏恩還得找時間膽寫回信，晚上差不多十點了，我能做的還是看那些似乎沒有止盡的信。今天該寫的文章還寫不到幾個字，我只剩用餐的時間可以喘口氣。」這樣辛勤工作的原因是因爲總是會有一些莫名其妙的修船帳單寄來，還有家裡農場的花費、貝絲和孩子們的家用，以及母親、強尼米勒和維吉尼亞的生活費等等。除此之外，妮塔也掌控他的部分事業，從中賺取不少利潤，甚至認爲傑克·倫敦應當感激她的貢獻和努力。

重重壓力之下，傑克·倫敦的工作量有增無減，以致於過去的壞習慣又回來了，這讓夏敏恩有時候恨得牙癢癢的。她可以接受傑克·倫敦的某些弱點，包括他抽煙的習慣，但是對酗酒問題則不能苟同。注重養生的夏敏恩不贊成抽煙；傑克·倫敦則從很年輕的時候，就染上煙癮。

蛇鯊號準備啓航之前，夏敏恩實在無法忍受傑克·倫敦嚴重的煙癮，於是傑克·倫敦同意戒掉這十七年之久的習慣。「是因爲愛惜生命才下定決心嗎？」她問。「不，是因爲愛妻子的緣故。」他答道。

就這樣，航行至夏威夷的四個星期裡，他一根煙也沒抽，然而一上岸，他又故態復萌了。夏敏恩對那可恨的菸草厭惡至極，爲了轉移她對傑克・倫敦和自己的怒氣，她將所有的情緒發洩在日記中，「他挑剔我寫的「航海日誌」；又誤解我，我難過得流了好多眼淚。這種孤寂感似乎永無寧日。我已經盡量照著他的要求去做，可是那該死的煙！我愈來愈不像自己。」七、八月間，失眠症和緊張性的頭痛讓她的日子不太好過。（部分原因是她和傑克・倫敦不得不睡在同一張床上，而被傑克・倫敦的睡眠習慣弄得睡不著覺。）

傑克・倫敦的煙癮對她來說是一大困擾，而酗酒的問題更影響到其他人。九月的某天傍晚，傑克・倫敦在晚宴之前出去喝了幾杯酒，結果酩酊大醉地回來赴宴，然後把咖啡往自己身上倒，還因爲自己喝醉所產生的幻影大聲責備夏敏恩，接著連告辭的話也沒說就揚長而去。

其實這樣的行爲並不是傑克・倫敦的作風，但是偶爾總會發生。再說他並不是那種成天喝酒的酒鬼，應該說他喝不喝酒全看場合所需，一般說來他都會將飲酒量控制在一兩杯以內。她首次見識到他喝酒的習性，是在牙買加蜜月旅行時，當時他爲了彌補幾個月不能替社會黨演說，而在酒吧流連不去。另外就是在紐約，因革命份子和出版商所施加的壓力，使他跑去借酒消愁。當時，夏敏恩很能體諒他近乎酗酒的行爲。但是在一九〇七年冬天，爲了等蛇鯊號完成，他們搬到奧克蘭去，夏敏恩真的無法再忍受傑克・倫敦的酗酒。直到他們到了夏威夷島，她終於坦率表現出她的不悅。他們大吵了一架後，一整天都分開行動。

經過這些小小的插曲之後，她愈來愈能接受他這個習性，因爲她已經懂得從另一個角度來看。她會讓喝醉酒的他，在某些極少數的場合當眾責備她，而不生氣。她這麼做是因爲疼惜這個悲傷又沒有安全感的男人，也知道他只不過是在虛張聲勢罷了。

第十六章　前進馬奎斯

一九〇七年十月七日，整修完成的蛇鯊號，在夏威夷的最大島希洛港口張帆起航，前往馬奎斯群島。從夏威夷到大溪地的航程被普遍認爲是困難度極高的路線之一，在東北和東南信風的影響下，船員們得機動地掌控船隻，才能有效地前進。若風向不能配合，沒有任何航海記錄證明，這樣的客觀條件下可以完成任務。可是傑克・倫敦就是要向不可能的任務挑戰，他預計航行裡千海浬，結果暴增到四千海浬。

起初傑克・倫敦的計劃進行得還算順利。原本暈船的船員沒多久就適應了，且很快地進入狀況。此時專心寫「馬丁・伊登」的傑克・倫敦在妻子的眼中，好似個「幸福快樂的藍眼水手」。這段旅程愉快又美妙，夏敏恩不但留下許多文字記錄，甚至還將這些素材分別集結成描述夏威夷和南洋的書籍。離開塵世喧囂，脫離文明束縛後，這對夫婦帶著愉悅的心情工作、玩牌、朗誦和做愛。折磨夏敏恩許久的頭痛和失眠也消失得無影無蹤了。

然而，他們卻發現這艘船竟暗藏了許多問題，雖然船員相當勇敢，但是偶爾仍難免會心生恐懼。好幾次夏敏恩在下面的艙房寫遊記時，會聽到甲板上的騷動，她衝到甲板上後看到大家正在跟強風暴雨對抗，也立刻加入拯救蛇鯊號的行列，當死神逐漸遠去的時候，大家才鬆了一口氣。傑克・倫敦在「化外之地」（The Heathen）這篇故事就重述了當時的過程。

夏敏恩和傑克・倫敦的蜜月期維持不了多久。十月中，傑克・倫敦沒來由地將容易失眠的她從夢中搖醒。她不禁懷疑「我要怎樣才能變得無情？只有一個方法吧，那就是少愛他一點。」又有一天晚上，他甚至毫不客氣地躲開她的晚安吻，弄得她整個晚上獨自在甲板上憂傷地掉著眼淚。不過雖然傑克・倫敦的心情陰晴不定，但是一點也不影響他倆的工作效率。個人的委曲煩惱，是不能和工作、或其他重要的事情混爲一談的。

有時候傑克・倫敦似乎不太能忍受長期和某人過於親密。他甚至會藉此測試夏敏恩，用冷酷的言語或拒絕身體上的接觸。面對這樣的態度，夏敏恩便陷入憤怒、自憐和同情的情緒掙扎，將自己縮回角落，沒多久後，他就會道歉了事。

這樣的婚姻生活的確複雜糾結，但奇特的是，他們還是開開心心地攜手走下去。或許一些玩笑式的競爭遊戲，正好提供他們彼此宣洩負面情緒的方式。

但整體看來，兩人間還是以良性互動居多。夏敏恩就曾讚美傑克・倫敦：

> 傑克有個討人喜歡的個性，他喜歡將有興趣的東西拿出來和別人分享，包括他熱愛的消遣活動、

書籍，或是他正在學習的東西。他也解釋他是如何學會航海知識的；他大聲地覆誦給我聽，要我感覺魚兒上鉤的感覺，要我們重複他的動作，有時候他推薦的書的確很有趣。星期天下午，他做完所有例行工作之後，拿起康拉德「颱風」（Typhoon）大聲朗讀，就像個快樂似神仙的水手。

至於夏敏恩，船員們從沒將她當女孩子看。她自己也不認為自己有什麼特權可以減少工作量。不過她偶爾還是記得自己是個女人，她會想到新英格蘭的家鄉婦女，只能在家痴痴地等著出海討生活的丈夫平安歸航，也許等了好幾年，到最後卻發現自己早就成了寡婦。「這不是很詭異嗎？在這種地區出生成長的我，竟然可以隨著喜愛航海的丈夫一起去陌生的國度。照理說，我應該像家鄉的那些婦女一樣，在家獨守空閨才是啊！」

經過八星期的航行，終於有一些海鳥出現在船的周園。大家爭著打賭看誰先發現陸地。夏敏恩渴望看到種滿甘藍菜、洋蔥、馬鈴薯、花椰菜、番茄的田地……還有芋田、香蕉園、椰子樹和麵包樹。瓦倫船長想到雞肉就忍不住要流口水。馬丁則想吃蛋想瘋了。已經光腳兩個月的傑克・倫敦重新將鞋子穿上。一九〇七年十二月六日的清晨，瓦倫船長贏了這場賭局，他看到了阿胡卡火山在曙光中閃閃發亮。

排除萬難的蛇鯊號終於到達馬奎斯群島的最大島嶼努庫西瓦（Nuku Hiva），夏敏恩和傑克・倫敦這對夫妻愛死了島上慵懶的生活方式。夏敏恩心不甘情不願地穿戴整齊上岸，沒想到驚喜地發現，島上的白人只有一間民宿的主人、她的女兒、一位法語教師和幾名修女，沒有人會在意誰怎麼穿。於是他們在當地租了一間小別墅，還附帶一位每天會帶著寵物豬出現的管家。夏敏恩不以為然地嘲諷道，「她輕輕撫摸牠的樣子就好像在摸一條狗一樣，但我忍不住要懷疑她的品味怪異。」就像許多老一輩的馬奎斯土著一樣，這位女管家的臉和手都有刺青，好像她的外表綴著花邊似的。這裡的男人僅僅穿著丁字褲，女性則披上各式各樣的寬鬆長衣。

往外望去，傑克・倫敦夫婦可以看見泰皮谷，他們發現就像梅爾維爾所描述的一樣，只要幾步路、越過幾個瀑布，就可以到達。「循著古道，就可以接近現在已經景物全非的泰皮谷。」可以想見過去一定發生了什麼災難，草屋樹立在斷垣殘壁中。居民不堪入目的外表不是得了痲瘋或象皮病，就是殘廢、瞎眼，有些甚至還有肺結核。原來一度最多有兩千人口的地方，現在只剩幾十個人存活而已。

有一天傑克・倫敦從外頭帶回葫蘆、塔柏土布，還有人髮編成的襯衫，他還特別帶了一個乾枯的陰核要送給史德林。夏敏恩帶著罪惡感收下這些藝品，心中不免感歎這些土著最後的傳統物品，如今還是落進了不速之客的口袋。

當地的白人認爲土著行爲放縱，既不知感恩也不懂愛，但是就傑克・倫敦夫婦的經驗來看，他們並不贊同這些人的看法。相反的，他們相信梅爾維爾的評論，五十年前他發現了馬奎斯人的純樸、傲氣和友善。雖然說他們採一夫多妻制，延續舊有的傳統，傑克・倫敦夫婦不禁思考，或許他們在這些土著的眼裡也是同等的怪異。不過有一點是可以確定的：白人的侵入已經摧毀了一個富生命力的文化。

第十七章　大溪地

離開馬奎斯群島的下一個目的地是大溪地。但這時夏敏恩忍不住懷念起加州來，沒想到心願很快就達成了。他們等了三個月的信件，帶來了經濟狀況有問題的消息，現在他們銀行的戶頭裡只剩下六十六元。國內目前正處於經濟環境波動的時刻，所以連帶雜誌和書的銷路都不理想。偏偏這個時候妮塔又將傑克・倫敦的作品廉價賣出。一向樂善好施的麥克米蘭公司總裁布萊特電匯了足夠買一張來回船票的錢到舊金山，於是傑克・倫敦夫婦得以在一月初拿到。臨去前，傑克・倫敦還執起夏敏恩的雙手，告訴她就算這雙手變老變皺，他都會愛到底。

不難想像，在奧克蘭的那個星期搞砸了所有的好事。他們大部分的時間都和眾生團在一起，這表示每天都會有喝不完的酒、抽不完的煙。

當然，傑克・倫敦也利用這次短暫的停留去看看女兒，她們已經有九個月沒見到父親了。喬安還記得當時父親和史德林夫妻倆帶她們到一家餐廳去，她永遠也忘不了父親和史德林自己兩人點了馬丁尼喝，另外點檸檬水給她們。儘管這種父女聚會實在奇怪，可是父女之間的關係並沒有受到影響。

接著他們又啓程繼續未完成的大溪地之行。儘管一路上感冒又神經痛，但是傑克・倫敦還是沈溺在撲克牌裡，一點也不想工作。夏敏恩常暗自飲泣，有時候甚至想自己到底還愛不愛他，「我想傑克・倫敦生病了，那是一種心靈上的病，要不然他是不會這個樣子的。」

但是到了大溪地他又恢復正常。有一天早上，他送了幾顆珍珠給夏敏恩，並對她表白愛她勝過摩根和洛克斐勒的財富。這倒是事實——無論他的經濟狀況有多差，就是無法阻止自己爲所愛的人花錢，也無法拒絕那些向他求援的人。

面對這些原住民的傳統和習慣，雖然傑克・倫敦夫婦以異常好奇的眼光去觀察，但並未因此而掉入舊有的思考窠臼中。儘管如此，他們還是秉持同情這些島嶼文化的心情，批評殖民國家的專橫行爲。畢竟，他們一眼就看出，白人帝國主義是造成這些文化墮落的元兇。

啓發傑克・倫敦寫下備受爭議的小說「冒險」（Adventure）。這本書似乎也有讚揚夏敏恩的意思，文中女主角喬安・萊克蘭德（Joan Lacklander）堅毅的性格，彷彿就是夏敏恩的翻版。

他們在所羅門群島時還遭遇到嚴重的健康問題。每一位蛇鯊號的船員都或多或少感染一些疾病。輕微的蚊蟲咬傷，只要忍不住抓了又抓，很快就會蔓延成大規模的潰爛，在藥物的控制下，復原的速度還是十分緩慢。除了頻繁的頭痛外，他們還有瘧疾的症狀，包括頻頻發燒、畏寒等等。最嚴重的非傑克・倫敦莫屬，他的牙病舊疾復發

（每到新的島嶼，只要島上有牙醫，他都會去看牙），到最後甚至出現血便的症狀。至於夏敏恩腳踝處有一處潰爛，瘧疾的發作倒還算輕微。所以她成了傑克．倫敦專任保母，替他定時灌腸，舒緩他腸病引起的疼痛。

不過儘管大家又病又弱，處處是危險工作又過量，卻還有能力苦中作樂。夏敏恩未曾出版的日記裡，就記載著一件有趣的插曲，正好可以描述這種狀況。一九〇八年七月中，他們的朋友貝納斯（Bernays）把他私藏的大麻拿出來和大家分享。於是，大夥決定輪流每晚大肆享用這種麻藥，結果第一天晚上，他們把抽得不省人事的貝納斯，用紅綠色的顏料塗滿全身，放在平台上，然後在他身旁堆滿骷髏頭、鮮花和蠟燭，舉行一場鬼哭神號、驚天動地的葬禮遊戲。幾天後輪到整達必斯海，他們趁他昏迷時，替他穿上女人的紅色吊帶襪。第二天，夏敏恩走出外面，發現他坐在棺材上，嘴唇還留著昨晚被人抹上去的胭脂，心滿意足地大口吃著甜甜圈。

傑克・倫敦夫妻在南洋的旅程中一刻也不得閒。傑克・倫敦寫信告知布萊特目前他手上進行的書有：五萬兩千字的「失落的臉」（Lost Face）、一系列的淘金故事；四萬五千字的「革命與其他理論」（Revolution and Other Essays）、四萬兩千字的短篇小說集「上帝發笑」（when God Laughs）、五萬三千字的「熱帶故事集」（Tropic Tales）（後更名爲「南洋之旅」）；八萬一千字的蛇鯊號故事集，以及大約三萬字的夏威夷故事系列，和兩萬字的小說「冒險」。夏敏恩除了謄打這些原稿之外，還有兩本敘述性強的書要寫，大約是三十萬字左右。此外，她的旅遊攝影作品多達好幾箱。

這種驚人的生產量爲的只是能賺取足夠的「尋夢費」而已。「太平洋月刊」以七千元的代價買得「馬丁・伊登」的連載權，傑克・倫敦夫婦捧著原稿的模樣，彷彿這些紙就是黃金。也難怪當他們在所羅門群島遭到攻擊時，夏敏恩冒著生命危險也要將這些珍貴的紙一箱箱偷偷搬下來。

現在這些原稿已價值連城。一九〇七年十月二十一日，他們乘著和煦的風往大溪地而去時，華爾街已面臨恐慌。一九〇八年的經濟蕭條和隨之而來的高失業率。高教育程度又經驗老道的記帳員，每星期能領個十二元的薪資就要偷笑了，可想而知像傑克・倫敦這樣的勞工能賺的錢當然更少。傑克・倫敦當然不會在家裡坐以待斃。南洋的冒險經歷激發他從政的渴望，同時也讓傑克・倫敦對自己的能力和生活方式，有更大的信心，這世上除了夏敏恩和他的東方侍從之外，他不需要任何人的協助，就可以成就一切。

第十八章 諸事不順

在所羅門群島的最後幾天，夏敏恩皮膚潰爛的狀況，嚴重到每天只能躲在臥室裡，將全身浸泡在水裡才能舒服些。偶爾她還會失控地哭出來。一九〇八年十一月十四日，一路上經過暴風雨的肆虐，她和傑克・倫敦安然抵達雪梨，當地的報紙形容她是「蒼白、機智的金髮女子」。

傑克・倫敦的心病在接下新的寫作任務後有了好轉。有人請他報導即將在雪梨舉行的強森（Johnson）對伯恩（Burns）的拳擊賽。傑克・強森是個超級的黑人拳擊手，白人對手都是他的手下敗將，冠軍已勝券在握。倫敦接下了這次的報導任務，但是前提是夏敏恩也可以隨他一同前往現場，同意女性觀賽在當時的澳洲來說可是個不尋常的決定。

夏敏恩就其早年的旅遊經驗，觀察到這個嚴謹國家，在女性待遇上並沒有進步。就連在海灘上，男女都得分開，甚至丈夫在火車站當眾吻別他的妻子，都會以傷風敗俗的罪名遭到逮捕。雖然女性在澳洲享有投票權（當時的美國女性還沒有這個權利），但是投票時卻依性別，而有不同的投票處。男性對女性的去向也有決定權，比如說，他們就不准女性去看拳擊賽。

冠軍盃拳擊賽舉行前，傑克・倫敦已經在當地看了好幾晚的拳賽，夏敏恩當然也跟著出現，她也跟著傑克・倫敦到訓練場去，看到湯米伯恩那麼矮的身材，不禁對他是否能打倒大塊頭強森十分懷疑。

終於等到拳賽到了，夏敏恩反而憂心忡忡，因爲她知道那些觀賽的群眾一定會對他們反對的東西，做出不理性的吼叫。當然她也可以做些僞裝，讓自己看起來像個男人，但是她不願意這麼做。如果她這麼做的話，媒體一定會大大地揶揄她。至於拳賽，強森當然輕鬆地贏得比賽，可是澳洲觀眾對他的粗魯態度則讓夏敏恩爲之打抱不平。「無論我們多麼希望白人能贏，但畢竟白人輸了，黑人卻贏了，我們不應該因爲他的膚色就不高興。」

比賽結束後，雪梨的男人都到酒吧唉聲嘆息去了，夏敏恩回到住處坐在打字機前，協助傑克・倫敦騰打文章後，再用電報傳給「紐約先鋒報」（New York Herald），這已經是他爲該報執筆的第二篇文章。「除非他生病，要不然是不會休息的。」夏敏恩說道。事實上就算生病，傑克・倫敦也會利用這段時間閱讀相關的醫學書籍，在可用之處做筆記，根據自己過往的病歷，在書中找出合適的治療方式或藥品。尤其在蛇鯊號上時，他就是個很好的治療師。就是他將瘧疾的新療法「奎寧」用在半信半疑的船員身上。他也說服夏敏恩這位素食主義和公共衛生家服用這個藥物，只是他並不知道她根本不信任任何藥物，所以早就把藥丟出船外了。

她對奎寧的直覺雖然錯誤，但是對其他藥丸的態度倒是挺正確的，因爲當時許多藥物都有危險性。傑克・倫敦在雪梨的醫院療養時，院方就開鴉片給他作爲止痛劑，儘管服用鴉片容易上癮是眾所周知的事情。他的健康狀況還沒有改善時，就自行服用西爾弗散來治療梅毒，可是這種藥物卻是致命的砷化合物，對腎臟會產生嚴重的副作用。之後幾年傑克・倫敦的身體總是時好時壞，於是便採用在雪梨時的經驗，服用鴉片之類的東西讓自己的身體覺得舒服些。或許在他那個時代這樣的作法很實用，可是就今日來看，他其實在自我毀滅。

一九一〇年的新年諸事不順。朋友們批評他倆拿自己的命開玩笑。傑克・倫敦的身體尚未完全康復，因此決定先在塔司馬尼亞島休養一陣子再回家。當然他還是不停找尋各種存錢的方式，於是他和一家澳洲報社簽下一份合約，每星期提供數篇文章。

三月末，倫敦夫婦申請搭乘提美利克號（Tymeric）貨輪前往南美洲，不過公司的政策並不允許女性加入。要不是因為傑克・倫敦顯赫的名聲，夏敏恩恐怕無法隨行。五個星期的航行期間，他們的興致依舊不減。從厄瓜多爾的首都基多開始，他們躍上馬背，慢慢地往北騎去，沿途隨意探訪當地的風土民情，一九一〇年七月中回到格蘭艾倫。

第十九章　失去孩子

傑克・倫敦和夏敏恩回到灣區，發現舊金山已經從廢墟中站了起來，街道上的自動設備和電話纜線也增加了。他的新哲學又給了他創作另一本小說「日光」（Burning Daylight）的靈感。傑克・倫敦對女性所扮演的夥伴角色當然也盡現書中，這種反傳統的觀念對他那些舊思想的讀者來說，是相當大的挑戰。書中日光對女人的印象不脫貪得無饜，要不就是妻子或母親這一類的人物，但是觀念改變後的他，相信女性也可以成爲「好夥伴」。

這本小說的其他情節安排，就沒有那麼像傑克・倫敦和夏敏恩的現實生活了。這本書再度驗證傑克・倫敦對夏敏恩的愛情，以及他對兩人未來生活所抱持的樂觀態度。同時也認同環境絕對是影響人格的關鍵因素，避免城市生活的糜爛，就不會養成不可自拔的壞習慣。

當傑克・倫敦又有新的狂熱時，就表示夏敏恩的自我世界又得逐漸封閉了。她又回到過去的生活模式—編輯、打字、做筆記，他們的家也彷彿是熱鬧的社交場合。先前兩年多的時間，她是傑克・倫敦身邊唯一的紅粉知己和夥伴，可是現在她卻必須和許多崇拜者以及朋友一起分享他。

他們夫妻倆的好客是相當出名的。喬治・瓦頓・詹姆斯（George Wharton James）就說：「他的家簡直就是完美的典範，還有他和妻子間有如夥伴的互動關係更是值得一看。生活在這麼一個藝術氣息濃厚的環境，難怪工作量如此驚人。雕刻家芬恩・弗洛利西（Finn Foelich）也發現，大夥圍著傑克・倫敦，像孩子似地玩在一起，傑克・倫敦在人群當中顯得格外活躍，令周遭的人著迷不已。」

弗洛利西也注意到，傑克・倫敦總是談論夏敏恩的種種，彷彿爲她瘋狂一般。沒錯，夏敏恩就是「女王」。一位鄰居回憶道：「夏敏恩很健談，像是振奮劑一樣，會促使他人想去閱讀或思考某件事。她也博學多聞，總是知道在哪裡可以找到資料。」

但她同時亦扮演監督的角色。要是大家嘻鬧過頭，她會負責控制場面，免得樂極生悲，以確保傑克・倫敦有自己的時間工作。也因此，扮黑臉的她偶爾在想盡情玩樂的客人面前，就不是那麼討人喜歡。

對已經習慣蛇鯊號平靜生活的夏敏恩來說，眾生團吵吵鬧鬧，酒又喝個不停的生活，實在讓她非常受不了。

愈來愈激動的心情讓她產生了偏執的恐懼。夏天快結束時，正是天乾物燥的時節，也是火災頻傳的季節。夏敏恩無法遏抑地觀察任何一個新的起火點，然後騎馬出去瞧個仔細，並用心分析研究這場火是怎麼開始的，甚至擔心風向會不會將零星的火星吹到他們的農場來。她總是擔心會有某種未知的東西傷害傑克・倫敦。「因為我太愛他了，只要想到他可能受傷，我就會全身發冷。」

有一天，她沒來由地痛哭一場後，決定在眾人面前安安靜靜地坐著，什麼話也不說，努力隱藏自己的情緒，就這樣鑽牛角尖以致於陷入了異常沮喪的情緒當中。每個刻意克制的舉動和社交活動只會更加減低她抵抗憂傷的能力，無法從莫名的憂鬱中解脫。「我的心智彷彿不見了。對任何事都沒有希望，就像行屍走肉一般。這不是原來的我啊！我應該站起來找回我自己才對啊！」

到了秋天，她向布蘭琪吐露，「婚姻是甜美的，可是半調子的婚姻卻比不上單身的美好。我發現自己在半調子的婚姻裡掙扎，我也知道自己內心深處寧願不要這樣的婚姻。我常常忍不住懷念婚前的工作及獨立的自我。」十月時她建議白蘭琪別對人太慷慨：「沒錯，我們女人從不吝於付出，但這對我們自己是沒有什麼好處的。千萬別讓你身邊的人把你的付出，當作是理所當然的。」

十月的時候，傑克・倫敦策劃了一趟沙加緬度三角洲的帆船之旅。他考慮到夏敏恩的精神狀況不佳，便要她先到柏克山莊休養一陣子，恢復精神體力後再和他會合。另外他還送她一把全自動的萊福槍作爲離別的禮物。當史德林和凱莉抵達船塢的時候，驚訝地發現傑克・倫敦正把一箱箱的威士忌和啤酒搬上船，卻沒有準備多少食物。

夏敏恩知道他要去駕船以後，心情一直不能放鬆，因爲上次傑克・倫敦和布蘭琪鬧緋聞的時候，也是駕著遊艇出海的那段期間。所以當傑克・倫敦出發之後，她覺得自己的世界好像一片陰森森的荒漠般淒涼。

夏敏恩一直認爲傑克・倫敦在疏遠她，其實這只是她單方面的猜測而已。傑克・倫敦離開十天後，便乞求到山莊去看看她，但是她拒絕了，因爲她對再次見面又分離的場面，還沒有充分的心理準備。而當時的傑克・倫敦也不好過，他發現自己連一個字也寫不出來。所以他在十一月初回到農場後，兩夫妻再度相聚的感覺，就像一九〇五年春天的那天一樣，彼此的陰霾終於煙消雲散。

可是就在夏敏恩的精神狀況有了改善的時候，身體卻出了問題。經期不定，而且間隔相當短，有時候兩個星期甚至更短就來一點。頭痛和神經痛的老毛病折騰她好幾天，令她整個人變得臃腫，連束腹都穿不下了。「可能是因爲消化不良吧」，她十二月底的時候自己推測道。

其實真正的原因是，三十八的夏敏恩首次懷孕了。傑克·倫敦滿心歡喜地希望有個男孩能繼承他的農場。他們決定若是生下男孩就取名麥特（Mate），女孩就叫喬伊（Joy），這是夏敏恩這個名字的希臘文。

遠離了訪客的生活，這對夫妻又回到以往的工作流程，夏敏恩的神情盡是喜悅之色。她在日記中詳細描述自己身體裡的變化：「這實在是個値得紀念的日子；因爲我以前從沒有經歷過這種感覺。寶寶一刻也不得閒地在我的肚子裡動來動去。」不過某天她突然昏倒甦醒後，有點不耐地說道：「真想做回以往單純的女人，不想當孵卵器。」

離生產的日子愈來愈近了，夏敏恩到處打聽哪裡有好醫生好醫院，最後終於選定奧克蘭的法比歐拉醫院，接著便迅速入院待產。這是她生平首次將自己交給醫生。她爲了即將誕生的寶寶縫製了全套的嬰兒服。殷殷期盼的傑克・倫敦則花了整筆版稅買了一架史坦威鋼琴送給夏敏恩，這一直是她最想要的東西。其實以傑克・倫敦的經濟狀況來說，他根本負擔不起這種昂貴又奢侈的東西，所以爲了平衡開支，他只好接下傑克・強森與吉姆・傑弗瑞（Jim Jeffery）拳賽報導，沒想到比賽的日子正好是夏敏恩的預產日。夏敏恩要他接下這個工作，因爲無論他在不在身邊，寶寶還是會安全出生的。

六月十九日凌晨一點三十分，她的陣痛開始了。傑克・倫敦躺在她身旁陪她熬過陣痛。「他幫我，跟我一起呼吸，直到我實在痛得受不了，再也無法用力爲止，他們只好給我麻醉，然後剖腹將寶寶取出來。接著我聽到寶寶的哭聲，看到她小小的頭頂，然後他們就將她抱進育嬰房了。我們爲她取名『喬伊』。」傑克・倫敦向她敘述寶寶細嫩的皮膚和灰色的眼睛，並向她保證：「是男孩女孩都很好，最重要的，她是傑克・倫敦和夏敏恩的孩子！」

由於胎盤沒有順利出來，夏敏恩又被推回手術台上，經過幾個小時的麻醉之後，甦醒過來的她對先前危急的過程一點知覺也沒有。

兩天後，傑克・倫敦和伊莉莎到醫院來看夏敏恩，告訴她，她再也無法見到孩子了。雖然孩子原本健康無虞，然而在生產的過程中，醫生誤傷了寶寶的脊骨神經，所以這個小東西只在世上活了三十八個小時。不過他們並沒有將當時夏敏恩也在死亡邊緣掙扎的情形說出來。她不知道這件事，還一直催促傑克・倫敦趕緊出發去採訪拳賽。他離去後，她看著鏡中自己慘白的面孔，才知道她的狀況有多危險。

雖然夏敏恩的孩子夭折了，但她還是得進病房休養。待在病房休養的她每天只能見一位訪客，而且每次只能會面數分鐘。有一天她在日記裡寫道，「我的寶寶喬伊到今天已經滿七天了。」同樣模式的話不斷出現在接下來的一年當中。

不過由於個性使然，一旦她的體力開始復原之後，就閒不下來，她開始回覆那些弔唁的信件，每一封回信都充滿著悽楚感傷的情緒。

傑克·倫敦結束採訪行程回家以後，她告訴他還想要生寶寶，他們倆人都希望這次還是女兒，而且還要取名為喬伊。

第二十章 惡習不改

其實傑克·倫敦就在孩子（和夏敏恩）性命垂危的時候，還去找他的記者朋友喬瑟夫·諾爾，接著又到奧克蘭的某個酒吧去。並和酒吧的酒保起了衝突，兩個人扭打起來，直到警察來了爲止。諾爾在夜間法院找到了傑克·倫敦，而法官喬治·山謬（George Samuel）裁示這場打鬥純屬私人恩怨，因此不予受理。

在床上休養了整整一個月以後，夏敏恩終於可以下床走路了。她出院後到奧克蘭的朋友家繼續休養。每天收到傑克·倫敦寫著充滿愛意和幽默字句的紙條，讓她備感溫馨。可是回到農場後，強烈的失落感又回來了。她獨自騎馬出去，在孤寂的氛圍裡，悲痛的情緒因而得到舒緩的機會。這是這一年來夏敏恩首次騎著馬到森林；她在林子裡徘徊不去，彷彿想永遠待在裡面似的。出來之後，她帶著煥然一新的心情回家。

這個時期，夏敏恩和傑克・倫敦的羅曼史竟然上了各報章媒體。「前衛女性雜誌」就將夏敏恩標榜爲「亦友亦妻的重要角色，是傑克・倫敦倫敦一生不可或缺的人物」。某個專門報導文學家生活的連載故事，評選夏敏恩和傑克・倫敦夫妻是少數成功的作家夫妻之一。「女性的夥伴」雜誌則附上夏敏恩的照片，評道「傑克・倫敦的妻子絕對是萬中之選的精采故事的女主角。」

後來他們搭乘漫遊號出遊許久，晚上就在期待寶寶的想望中度過。傑克・倫敦還是繼續抽煙；夏敏恩依舊很少抱怨。他們結婚週年的那天，她說道「今天是喬伊滿五個月的日子，也是我們結婚五週年。五年就這樣過去了。」

第二十一章　狼屋

倫敦夫婦想當父母的願望落空之後，又找到了替代夢想，那就是建造一座完全屬於他們的家。夏敏恩一直被認爲是傑克・倫敦許多物質追求的始作俑者，其實傑克・倫敦才是這些計劃的構思者；想想看，他還小的時候就拜倒在華盛頓・艾文所寫的阿罕布拉宮的故事，深深爲這座位於西班牙的神秘阿拉伯式建築著迷不已。所以不難想像已成家立業的傑克・倫敦恨不得立刻找人來，建造一棟同樣神秘的房子。

「真誠的房子絕不會說謊」，這句話意思當然也代表建造誠實房子的人，也是誠實的人。他看見短短二十八秒的大地震，搖垮了總值七百萬元的新城市，所有精心製作的裝潢和工藝作品全都毀於一旦。因此，他認爲：「真誠的東西就算不美，也勝過一個不堪一擊的繡花枕頭。」

另外他還秉持「結構和美觀必須結合」的理念。傑克・倫敦生來就不是個浪費的人，所以他特別注重實用性，認為實用與美觀結合的東西，才是完美的。

倫敦的房子就是在這種多重的原則下，草擬出一張美麗的藍圖。當中除了精美絕倫的樓梯設計之外，造價最高的當屬衛浴設備，就算「為了建造這間浴室，在還沒有經費建其他部分時，我們先去睡帳篷也甘之如飴。」而且「僕人沒有必要為了主人的清潔，反而辛勞地弄髒自己。」

整座房子的設計理念，就是希望不費力氣，家裡就能乾乾淨淨。倫敦為自己必須有僕人服侍而感到不好意思，他澄清自己絕對希望「沒有奴僕的世界會更美好」。他衷心希望為他工作的人也能夠擁有相同的舒適感，而且讓他們每天下午也有自由時間「游泳或睡在吊床上」。

傑克・倫敦特別設計用未磨光的硬木來做地板，上面也不放地毯免得沾灰塵，這和夏敏恩婚前的家相當類似。這就是他們要的樸素簡單的陳設。

另外，這棟房子還有最現代、最方便的設備，那就是熱水系統、電燈、冷凍庫、吸塵器和洗衣房。這些自動化設計都是爲節省僕人的辛勞而設計的。除此之外，廚房裡還有儲藏室和酒窖。狼屋的設計雄偉氣派，想當然占地面積是相當大的。倫敦夫妻的大型圖書室以及一箱箱的資料則放置在穀倉中。再者，傑克・倫敦堅信沒有歡笑的房子就不像個家，所以這棟房子應該自由地讓朋友親近才對，每一處都經過體貼周密的設計，以功能取向而非外觀取向。

蛇鯊號的慘痛經驗還歷歷在目，因此傑克・倫敦在建築結構上面特別地嚴謹，也將貪婪的供應商摒除在外。他選了一位優異的監工負責這個案子，那就是他的姊姊伊莉莎。雖然有些人認爲她既冷漠又難以接近，但其實她是個心地善良的女性，總是適時地表現親切和體貼。她的個性機伶又重實用，所以她堅信狼屋絕對可以照著藍圖蓋起來，而且是由誠實的勞力蓋起來的誠實房子。

傑克・倫敦的農場擴張計劃在一九一〇年至一九一一年間，有了很大的進展。朋友和鄰居都不相信他能將養分耗盡的土地起死回生。不過依然故我的傑克・倫敦寧願相信他在日本與韓國看到的經驗，再輔以閱讀中國農業的相關書籍。利用這些資料，他整合出一套耕種的生態範本，他相信利用這套範本，將有助他達到自給自足又能維持土壤養分的目的。這套方式不需要用到化學肥料，而是用綠肥、動物的糞肥、農作物循環耕種以及精細的排水系統來活化土壤。傑克・倫敦認爲亞洲在農業上具有四千年的經驗，而且成果豐碩，因此這些方法顯然比農業歷史短暫的美國方式來得高明許多。

傑克・倫敦對妻子堅定不移的愛意，可以從他再度修改遺囑一事獲得證明。自從結束蛇鯊號的航行回國之後，貝絲便利用她對孩子的掌控權，向傑克・倫敦做經濟條件的要脅。喬伊死後，傑克・倫敦更渴望能常常見到兩個女兒，於是便向貝絲提出兩個可行的計劃：一是把他們遷至格蘭艾倫他爲他們建造的房子；二是孩子們可以和他在農場上共度幾個假期。貝絲都拒絕了。

貝絲拒絕的原因只有一個，那就是夏敏恩。她不能忍受自己的女兒出現在那個女人身邊。貝絲對夏敏恩的敵意頗深，而且也影響到喬安的心態。

面對貝絲這方面的憎惡，傑克・倫敦的回應倒還算寬容。一九一一年初，他曾激動地批評她是個「忌妒心強的女人，既沒有魅力又不像個好母親，簡直就是個目光如豆的鄉下女人。」他表明自己賺的錢不像過去那麼多，而且他還得支付「母親和強尼等人的生活費，還有醫藥費、家用、賦稅、保險等等，另外還包括你和女兒的花費」，以及農場上大大小小的開支，他已經爲此總計負債幾千元。「我靠二十元就能過一個月」，他說：「你以爲我這麼做是爲了夏敏恩嗎？她也會這麼做的。」

他知道貝絲教女兒恨夏敏恩，所以他又補充道：

你認為夏敏恩會從你身邊把孩子搶過來嗎？別忘了，沒有女人會熱心到願意照顧別的女人的孩子。更別說高雅的夏敏恩，她願意配合我，隨我到任何地方……再提醒你一點：我的工作成果有一半以上是夏敏恩的功勞。也就是說你從我這裡拿去的每一分錢，有一半是夏敏恩賺的；你吃進嘴巴裡的每一塊麵包、奶油和肉，有一半以上是用夏敏恩賺的錢買來的。現在你想要更多的麵包奶油和肉，還要更多的錢，卻完全阻絕我和孩子們的聯繫。

傑克・倫敦將這封信跟第三份遺囑封在一起，這是他和夏敏恩結婚後第三次也是最後一次修訂的遺囑。

一九〇六年和一九〇九年所寫的遺囑明列財產、金錢和著作版權的處置與分配情形。他受夠了貝絲利用孩子作爲報復的工具，因此擬了一個簡短的要求：夏敏恩將繼承一切。他的女兒每個月會收到小筆的零用金，若有其他額外的補貼，那也是來自「夏敏恩的慷慨給予」。伊莉莎、芙羅拉和維吉尼亞可以得到固定的農場收入。至於貝絲則分得五元，外加他爲她建造的房子使用權。

第二十二章　酗酒者的告白

一九一〇年至一九一一年間，傑克・倫敦的作家之路一帆風順，知名度當然也成正比地扶搖而上。幾家頂尖的雜誌社刊登過他三十七篇的故事和文章，其中占多數的當屬「周六郵報」和「世界主義」。小說及故事選集共計出了六本，其中兩個故事也在報章雜誌上連載。儘管他老是喊著自己負債累累，但目前他毋庸置疑是美國收入最高的作家，每一個故事可以讓他賺進一千元，只要是他寫的都能獲得出版的機會。

傑克・倫敦這種近乎瘋狂的工作態度正好跟他的酒癮和煙癮之間，有互相抗衡的作用。他在煙酒上面的沈淪，不但讓他的身體愈來愈糟，更嚴重影響他和周遭親友的互動關係。

一九一一年二月他在貝絲家想爲自己出海許久未能和她們相聚做補償。他送了許多書、爲她們安排跳舞和上鋼琴課，謹守每個曾許下的承諾。不幸的是，他常常喝的醉醺醺地出現在他們面前；最糟的那次，他甚至將貝姬丟出客廳窗外。

可是貝姬卻對姊姊的說法感到不可思議。她說她從來沒見過傑克・倫敦喝酒，而她對這件事的記憶完全是事後別人告訴她的。至於窗戶那件事，她解釋道：

那個時候爹地、母親、喬安和我坐在客廳裡……母親和爹地變得好生氣，對著對方說些難聽的話。喬安走過去站在母親身邊。我坐在地板上，就在爹地身邊。突然爹地說：「你知道我是絕對不會傷害女兒的。她們相信我會好好照顧她們的。對不對，喬安？」喬安回說：「嗯，這我可不知道。」爹地轉而問我：「如果我要你把雙手交給我，我會把你丟出窗外，你仍相信我嗎？」我說：「我當然相信你，爹地，而且我知道你不會傷害我的。我信任你。」……當時他很生氣，我確定他不知道自己在做什麼。他把我從地板舉了起來，然後把我往窗戶盪去，我一隻腳便撞到窗戶，而且發出很大的聲音，他立刻就將我抱了回來。他非常自責，檢查過後發現是個小割傷。他背著我往醫院奔去。

這就是許多父母酗酒的家庭經常會發生的可怕故事。孩子會依當時的氣氛選擇站在父親或母親那一邊。喬安就像她的母親一樣嚴肅又有正義感，所以當父母爭執時，她決定站在母親這一邊。至於貝姬是個活潑又勇敢的女孩，常常在嚴謹母親的管教和姊姊的束縛下，喘不過氣來，當然願意和父親結盟。兩個大人在女兒面前毫無避諱地爭吵，無疑是另一種精神摧殘。但傑克•倫敦一點都不願意傷害他的小女兒。其實整件事情的最大受害者當屬喬安。她被自己見到的景象嚇壞了，甚至連母親再三向她保證，父親不是故意要傷害貝姬，她都不願意相信她。

傑克·倫敦知道自己的毛病，所以也嘗試以別種方式彌補酗酒的失控行爲。因此，他投身嚴謹的寫作日程，又發願要建造一個現代化農場。而且似乎這樣還不夠，他還考慮投資其他的生意，包括電影事業。

夏敏恩建議他應當詳實記錄對威士忌的認識。「酗酒者的記憶，」他答。她卻意有所指地予以更正：「不，是酗酒的記憶。你已經證明自己不是酗酒者，也不是間歇性酗酒狂，只是習慣性喝酒而已。」這小小的對話卻涵蓋了飲酒者和其配偶間的拉鋸立場：否認。這麼做至少可以減緩喝酒期間雙方的種種委曲、不公、尷尬、食言和敵對等等。

這種心理現象對那些正常家庭的人來說，似乎很奇怪。爲什麼做妻子的要刻意將事情化小？其實是爲了盡量迎合酗酒者需求，這種貶低自我的過程，可以讓她重新尊重丈夫以尋求再度保證。

到了一九一一年，這種粉飾太平的假象破滅了，夏敏恩決定大聲說出她的感受。從研究得知，她的反應在酗酒家庭來說是正常模式，但結果注定會失敗。她試著和傑克・倫敦討價還價，用盡各種方式連哄帶騙地說服他改掉這種行爲。其實她應該知道這是行不通的，而且這比要他戒煙來得困難多了。那年的十一月，他們達成協議，一天頂多只能喝三杯，如果他做得到，她會以生第二個寶寶作爲回報。

第二十三章　再度酗酒

一切似乎進行的很順利，傑克・倫敦的戒酒表現讓夏敏恩很滿意，可是她不知道自己太過樂觀了。先前他們已經計劃好搭乘知名船公司蘇伊爾公司（A. Sewall and Company）的鋼殼船狄里歌號（Dirigo），進行最後一次海上巡禮，前往合恩角。巴拿馬運河即將竣工，因此狄里歌號的航行路線很快就會成爲絕響。冒險的血液在夏敏恩身上奔騰，她渴望再回到海上，和傑克・倫敦一同航行，遠離牧場上無法避免的社交活動。急於出海的她，並沒有想到在他們前往巴爾的摩搭船之前，得先到紐約處理事情。

他們先搭火車到紐約，滿足的夏敏恩形容這一趟旅行的感覺，就像度蜜月一樣。當時的傑克・倫敦滿腦子想的都是選舉權的問題。他在丹佛表明支持女性選舉權，因爲這樣一來，「可以打破社會既有的結構，拔除所有根深蒂固的舊觀念，但是新建立的結構一定會比舊有的優秀，就像拆掉舊房子後重新蓋起的房子一定比較美的道理，是一樣的。」

快到東岸時，傑克・倫敦的戒酒誓言鬆動了，他向夏敏恩保證，這次放縱狂歡後，一定永遠遠離酒精。這是酗酒者典型的墮落表現。一天中午，他和「世界主義」的編輯出去午餐，又喝得醉醺醺回來後，她拒絕和他以及另外一個朋友去吃晚餐。然後，她立刻填完狄里歌號的搭乘申請表格（這家船公司也有不歡迎女性的特質），希望船公司儘快同意，這樣他們才能盡早離開這裡。

接下來的幾天，他倆被一連串的活動弄得暈頭轉向。大部分的時間夏敏恩都是獨自一人在住處，要不就是去聽音樂會或拜訪朋友。

不過傑克・倫敦在紐約的時間並非都在玩樂，有些社交活動是跟工作有關的。許多著名雜誌出版家都在紐約，傑克・倫敦自然不會輕易放過這個向他們推銷自己的機會。由於麥克米蘭出版公司的粗心員工，弄丟了他南洋之旅的相關底片和文件，而且因保留校樣的事情和他們處得很不愉快。這意味他得另找一位出版商。

儘管如此，傑克・倫敦大部分的時間還是以玩樂性質的社交居多。他身邊都是些奇怪的組合，諾爾想起當時在紐約的夏敏恩看起來疲倦又焦慮，談起這些人時也總是一臉不悅。

這群狂歡作樂的小組常有女性參與，使夏敏恩很難不注意到傑克・倫敦游移不定的眼光。然而傑克・倫敦對媒體所說的又是另一套，他接受採訪的時候，表明都會女子一點也不吸引他，主要的原因是她們目中無人。而且虛情假意比認真做自己還要重要；他唾棄這種價值觀。都市女人對男性的占有慾和挑剔，都讓他覺得噁心。

雖然嘴裡說都會女性讓他噁心，但至少其中一個不會。他從頭到尾只接受一位記者蘇菲・愛琳・洛普

（Sophie Irene Loeb）的訪談。這位三十五歲的失婚女性在人生的新舞台上嶄露頭角，她在推動紐約州的社會福利法案，表現出奮戰不懈與永不服輸的努力，爲她帶來盛名。一九一二年初，她是「世界晚報」（Evening World）的特約作家，甚受讀者的喜愛。她藉此宣傳推動改善兒童福利、學校營養午餐、移民教育、單親家庭的經援以及其他社會議題。她在歐美被同聲讚譽爲「美國最偉大的母親」。如此耀眼又自我激勵的女性，當然特別吸引傑克．倫敦的目光，而且她長相酷似安娜，更讓傑克．倫敦忍不住多看她一眼。

雖然沒有確切的證據，證明他倆有曖昧關係，但他們之間的確有些什麼。夏敏恩知道傑克．倫敦曾造訪蘇菲的住處，而且他們通電話的次數也很頻繁。

所以傑克．倫敦決定獨自前往波士頓，而且這段期間沒有任何消息，令夏敏恩坐立難安。他從波士頓回來後，又表現出一貫的自責與順從，解釋自己之前的冷淡是因爲沒能和荷登・米夫林簽成合約的沮喪所致。他帶她去聽安利可・卡羅素（Enrico Caruso）的演唱會。「傑克・倫敦幸福地沈浸在歌聲中，」她在寫給布蘭琪的信中提到：「他把頭靠在我的肩上」。

夏敏恩並沒有因傑克・倫敦「恢復正常」的表現而樂昏頭，她仍充滿懷疑地質疑他的動機。到了二月初她已經被噩夢整得精疲力盡。而狄里歌號還是拒絕她的申請，這時連歧視女性的諾爾都開始同情她的境遇了，他為夏敏恩感到遺憾：「在傑克・倫敦強硬個性的壓制下，她似乎正迅速地老化當中。」但他同時也欣賞她將家務整理得井然有序，亦佩服她渴望冒險的意志。

二月中夏敏恩直接寫信給狄里歌號的船長，請他准允她上船。他很快就批准了，於是二月十五日她快樂地打包了十七箱衣物和補給品。

巴爾的摩是個迷人的港都，待在這裡的幾天，他們很快就恢復了關係。傑克・倫敦彷彿是為了懺悔，竟去理髮廳理了個大光頭。驚嚇之餘的夏敏恩因爲怕丟臉，所以盡量避免和他一起出現，她買了一頂針線帽要他戴著，才願意和他一起出現在公共場合。

傑克·倫敦藉此對自己和夏敏恩承認自我墮落的行爲。身爲聰明的業餘社會學家，傑克·倫敦非常清楚自己的兒時經驗，是形成他這些習慣的重要原因。他可以正確說明酒精與男性權威在公共場合中社會等級之間的關係，指出在勞力工作與經濟壓力之下，酒精如何成爲紓解消遣的工具。他對自己的不安全感也表現的相當坦率：「我會喝酒是因爲我身邊的人都在喝酒，再加上我的個性又好強，不願在這種消遣上輸給任何一個男人。」

傑克·倫敦特別強調自己一點也不喜歡這種液體的味道，無奈旁人總是鼓譟他喝。他還認爲自己並非酗酒者，因爲他只要想遠離這種男性社交飲料，就可以辦到。就我們所知，這種依情境之別而喝酒的狀況，反而是酗酒最大的潛伏形式之一，因爲飲酒者誤以爲一切都在自己的掌控中。像他這樣的酗酒者在生活的其他方面，是相當能幹的，傑克・倫敦有許多要忙的事情，可以暫時讓他忘記自己在酒精方面的軟弱。雖然他訂下禁酒令，可是他發現自己如果沒有先喝一兩杯，就什麼也寫不出來。

他在合恩角航行的五個月期間滴酒不沾，但他始終不願意丟棄酒杯，因爲他覺得自己絕對有能力控制飲酒的慾望。在此同時他亦鼓吹婦女選舉權和禁酒令，原因是「只有女人了解箇中道理。只有她們，才能了解喝酒的男人給她們帶來的心酸。」

不過，雖然傑克・倫敦了解女性在這方面的心酸，卻還是刻意忽略自己酗酒對身旁女性所造成的傷害。他認爲酒精傷害的是「他的」身體；酗酒是「他的」問題，不關別人的事。既然只有他在受苦，那麼在這方面的問題上，只有他有發言權。所以他堅決否認是酒精慫恿他和朋友吵架，否認是酒精逼他在公共場合侮辱夏敏恩的，甚至否認是酒精要他去傷害女兒的腿。

第二十四章　夢幻破滅

狄里歌號航行幾日之後，夏敏恩的皮膚突然長了奇怪的疹子，而且變得很虛弱。傑克・倫敦古怪的行徑也一直困擾者她。

三個星期過去後，船長注意到夏敏恩的臉色不佳，於是派人到她的艙房檢查，果然在她的床上找到讓她不舒服的原因｜臭蟲。在房間消毒並重新油漆完畢前，她只好暫時住在圖表室裡。幾天後她覺得自己已經復原的差不多，有足夠的體力可以參加船上的首場拳擊賽。其他時間傑克・倫敦夫妻會帶著萊福槍到船尾甲板上，以水底下的東西當作射擊目標。夏敏恩發現傑克・倫敦像個收藏家似的沿途收集物品，其中包括一隻翅膀張開來至少有十英呎的信天翁。

這對夫妻之間微妙的競爭關係有愈演愈烈的發展：

> 拳擊賽過後，在傑克·倫敦懷疑又擔心的注目下，我踩著支桅索往後桅頂攀登上去，到達桅竿頂後，我得意洋洋地對著下頭的丈夫微笑，他則宣稱自己太忙了，沒空跟著我爬上來。不過，他帶著那殺氣騰騰的水手眼神，在三次的牌戲中擊敗了我。

幾天後，傑克·倫敦接受她的挑戰，跟著她爬上桅桿，這是一隻從搖晃不定的甲板上算起，共九十呎高度的桅竿。雖然攀爬時她有幾次感到噁心，但她還是決定要爬完它。這一次她要傑克·倫敦先爬，這樣她會攀住一條比較安全的繩索。他們兩個抵達桅竿的小平台上後，夏敏恩拿出刺繡縫著，傑克·倫敦則拿出一本書，然後兩人在上面談天朗讀好幾個小時。那天晚上傑克·倫敦承認自己不太喜歡從桅竿頂下來的過程。從此以後夏敏恩只好獨自一人攀登了。

暴風雨持續肆虐了好幾個星期，夏敏恩只要在經驗豐富的水手眼中看到害怕恐懼的氣息，就會窩進自己的房間尋求慰藉。她待在房裡打字或刺繡，好讓自己分心，她不禁沈思「我們的價值觀爲何錯得如此離譜。畫家和建築師都屬於優異的人，可是設計衣服帽子的人卻不受社會重視。」

不過狂風暴雨正是浪漫情事的最佳場景。五月下旬，夏敏恩在日記中寫道：「我明天要給他一個大驚喜。我會渴望地、配合地、成熟地躺在我丈夫的懷裡，問他是否夠堅強，是否已經準備妥當，因爲我們就要有另一個小寶貝了。他準備好了嗎？堅強嗎？高興嗎？他一定跟我夏敏恩一樣，迫不及待了。我們的第一個孩子出世後沒多久就離開了，那種期盼孩子的孤單渴望，終於可以獲得滿足了。」

她懷孕了，可能不是最近才懷孕的，因爲她早在日記中透露出一些懷孕的徵兆。他們回到家以後，眾生團又蜂擁到農場來。夏敏恩慶幸自己此時必須前去奧克蘭看醫生，但檢驗結果不是個好消息。醫生告訴她上次生產時沒有處理好的傷口，影響了現在腹中的胎兒。第二天她不正常出血，於是在醫生的囑咐下上床休息，暫時度過危機。幾天後傑克・倫敦從農場打電話來說他要過來陪她，卻被拒絕了，她向他保證沒事，可是就在掛上電話沒多久，她就知道自己小產了。「第二個希望又破滅了。」

失去第二個孩子帶來的不是悲傷，而是苦澀與憤怒。夏敏恩用壓抑拘謹的語氣寫道，「怎麼會因爲同一個醫生的疏忽、粗心或畏懼而失去兩個孩子呢！」她依醫生的囑咐在床上休息，幾天來幸得伊莉莎和其他威利家親戚的安慰。傑克・倫敦顯得異常沈默，尤其知道這可能是夏敏恩最後一次懷孕的機會後，更快樂不起來。

她出院後回到家看到的是個清醒的丈夫，更叫人驚訝的是他身邊還圍繞著許多朋友和客人。夏敏恩不太認識這些訪客，也不喜歡其中幾個拼命灌酒的人，因爲酒品極差的人會對她和其他女性賓客毛手毛腳。當時曾在那裡待過的訪客就這麼描述道：

我很驚訝似乎所有三教九流的人都聚集在此了，從水手到百萬富翁、藝術家等等，什麼人都有。我生平還沒見過這樣的組合……其中有些人從來都不洗澡，所以發臭的厲害，傑克・倫敦只好在林子裡造了一間房子讓他們住。可是用餐的時候大家還是會聚在同一張桌子……

這種龍蛇雜處的組合在在考驗女主人的能力，而夏敏恩當然無法滿足每個人的期待。不過這段期間，她還是爲了傑克・倫敦強打起精神，把悲傷留給自己。只有親密的朋友才知道她那愉悅好客的臉龐下隱藏的悲哀。

強顏歡笑還是有了回報。有幾位訪客對夏敏恩愈來愈有好感，其中一位叫做約翰・巴利摩（John Barrymore）的就特別欣賞夏敏恩在服裝和音樂上的品味，像羅利・葛菲・史密斯（Laurie Godfrey Smith）立刻吸引夏敏恩的目光，他是個野心勃勃的澳洲鋼琴家。他的氣質和興趣與夏敏恩可以說是一拍即合，這是夏敏恩生平頭一遭遇到如此契合之人。羅利也是第一次發現一個女人對大師的作品竟然可以侃侃而談，而且會魯莽地馳騁田野，還像個亞馬遜族女戰士一樣剽悍地游泳。

她的日記滿溢著興奮之情：「羅利彈琴的模樣很美，而且是個不折不扣的男人，又是個音樂家，簡直就是個萬能的男人……羅利的騎術很棒，像他的馬一樣驚人。」

傑克・倫敦整個秋天忙碌不停因此無瑕注意到妻子醉心迷戀的模樣。他認為寫作只是賺錢的工具，他甚至坦白承認自己最近寫的書，尤其是「Smoke Bellew」，完全是為了四個家庭的生計及農場所需而寫的商業故事。他和「世界主義」雜誌簽了一份獲利頗高的合約，只要他好好按進度寫故事，就會有固定的連載收入。除了寫作之外，他也積極拓展其他方面的投資，除了米勒影像公司之外，尚有葡萄汁公司、礦業股票和希望無窮的新興產業「電影」。

雖然這是他們結婚以來最忙碌的時刻，但是傑克・倫敦的心情卻好的不得了。或許夏敏恩和其他年輕男性訪客之間的友情，對傑克・倫敦來說反而讓她變得更具吸引力。一個星期後夏敏恩到奧克蘭動陰道矯正手術，那是她第一次生產時的後遺症。羅利陪著她，而且先陪她去聽歌劇和看劇。準備動手術時，傑克・倫敦出現在她的病床旁，當麻醉藥效開始發作時，他緊握著她的手，當時被麻醉的她雖然快要神智不清了卻還得做事，因爲他要她大聲說話，這樣他才能吸收她被麻醉的經驗，或許日後寫書時可以用得上這個素材。

傑克・倫敦會寫些八卦消息或馬經來取悅她，當他通知夏敏恩說她寫的「輪子」已經同時賣給了英國和美國的雜誌，她知道自己賺的錢，正好可以支付醫藥費，對她來說是非常值得驕傲的事情。她追問他是否忌妒她在寫作方面的成功，他答道，「老天！忌妒！因爲妳，因爲我倆，我願意放棄任何東西，直到看到妳超越我的那一天。」

夏敏恩住院的最後幾天，得知傑克・倫敦邀請羅利加入他們在沙加緬度三角洲的冬季海上巡遊時，心中不禁喜孜孜地。羅利是唯一受邀和他們一起旅行的人，因爲傑克・倫敦夫妻總是非常珍惜難得的獨處時間，他們會趁此機會好好重溫並慶祝屬於他們之間的親密關係。

這趟旅程還有一個破例的事情，就是傑克・倫敦宣布這次是純粹的旅行，他不打算寫任何一個字。這表示夏敏恩也相對地不必工作了。在吉松中田的服侍和日本船長的指揮下，傑克・倫敦夫妻和羅利這三個人無憂無慮地探索沙加緬度三角洲。

第二十五章　拯救婚姻

為了實現農場夢想，傑克・倫敦抵押了一切財產，包括夏敏恩的「保單」。她相信無論有什麼樣的風險，他都可以克服。她最在意的不是那些世俗的考量，而是他倆在一起以及他達成農業夢想的事實。所以她開始參與他的農場事務，跟他一起四處購買小雞、種馬、牛和豬隻等等。可是到了二月中，傑克・倫敦愈發熱中他的農場工程，不斷地催促伊莉莎和威吉繼續努力，所以他和夏敏恩相處的時間並不多。

當丹恩於二月二十七日再度來訪後，夏敏恩找到了新的寄託。就像她和羅利一樣，她帶丹恩出去騎馬、和他一起唱歌。他寫生時，她就坐在身旁，要不就是和他去田野散步。當然這期間農場上還有其他客人，所以他們兩個很少單獨相處，偶爾傑克・倫敦也會加入他們的活動。好幾次晚餐時，夏敏恩對於傑克・倫敦贊同自由戀愛的理論感到十分惱火。他說一夫一妻制是婚姻必要的元素，雖然這屬於上等社會，但是若是配偶愛上別人的話，那麼離婚在這種情況下是可以被允許的。傑克・倫敦也在他們私下的親密談話時，坦承自己的確曾有過一夜情，破壞了他的誓言。

三月十日夏敏恩送丹恩去搭火車，回來時滿面春風。大家都在討論她發生了什麼事，而傑克・倫敦則宣告說：「我是世界上最驕傲的男人；我發現自己也是會忌妒的。」夏敏恩當晚睡了一個好覺。顯然夏敏恩敢於屈服誘惑的行動讓傑克・倫敦覺得相當震撼，更讓他在這件事之後忍不住愛她「愛的要死」，甚至連客廳地板也不放過，同時也讓夏敏恩萬分同情他堅持做一個科學理性的農夫，所付出的代價。

三月十四日，傑克・倫敦寫信告訴一位總編輯說他有了新小說的靈感。尼采和艾利斯（Havelock Ellis）的融合變成他的新小說「豪宅小婦人」（Little Lady of the Big House）。有些書評家並不看好這本書。撇開藝術價值方面的評價，這本書引起讀者窺探傑克・倫敦的私人生活的好奇心。

這本書中狂湧的性畫面，以及外遇的誘惑描述，在傑克・倫敦那個年代引起讀者們的不滿。然而從另外一方面來說，現今的讀者卻認爲文中的描繪過於含蓄做作，角色不夠真實。

這本書是傑克・倫敦所寫的小說當中，最受這對夫妻喜愛的，因爲他們的婚姻差點失敗的原因在這本書裡正好有明確詳細的交代。他倆因成功挽救彼此的關係而自豪不已；十年以後，他們更因此有機會重新認識彼此，更加鞏固彼此的關係。「生孩子」是夏敏恩與傑克・倫敦的愛語，當時其他作家的作品也可以找到類似的例子。傑克・倫敦爲表現寶拉（夏敏恩）是多麼美好的人物，而花了許多篇幅描述她。這位陪他征服南洋、征服酒魔，還有更多更多險阻的女人，的確值得他寫出這樣的愛情詩篇。病痛的糾纏和農場瑣事，再加上貝絲拒絕和他共有女兒監護權，疲憊憤怒的他更需要夏敏恩，這是羅利和丹恩的誘惑所不能相比的。

傑克・倫敦也強調男性成就並非是解決男人需要的單一答案，即使是透過田園詩歌般的農業改革場景。如果他保有傳統美國社會的男性價值觀，那種強調效率、耐力和情緒壓抑的特質的話，他就不能完全地開發自己。

還有一些其他的批評是針對這本小說的結局，他們認爲傑克・倫敦潛意識中有殺掉夏敏恩的動機。在某些愛得過火，以致於用暴力來獲得愛情解放，或是禁忌愛情的相關故事裡，這或許有其真實性。但是他們對傑克・倫敦的指控，實在是扭曲了這對夫妻在書中所表現的感情。

不過，這種結局方式的確反應真實生活中，他們夫妻倆的關係所面臨的問題。羅利和丹恩的出現正好預警傑克

・倫敦已經漸漸失去征服俗事與陰柔的一面。對夏敏恩來說，這兩個男人都屬於那種傑克・倫敦會讚揚的伙伴型男人，也就是在心理上結合男性與女性特質的男人。就像狄克一樣，傑克・倫敦必須強調他天生的男性雄風，然後仰賴寶拉（夏敏恩）來塡補他所缺乏的女性特質。她可能外遇的情勢，逼迫他重新審視自己的行爲，進而開始改變思想，將女性特質融入自己的觀念當中。三月三十一日那一天，夏敏恩和傑克・倫敦就曾面臨如此的轉變經驗。

第二十六章　狼屋全毀

他們復合的重要象徵物「狼屋」已接近完工。雕刻家芬恩・弗洛利西忙著爲新家做裝飾工作。夏敏恩常常去工地參觀，讓自己沈浸在這棟房子的巨大壯觀之中，藉此暫時撫平內心爲財源和微乎其微的懷孕機率的憂心。

八月二十一日，他倆在預定搬家的前一日騎馬到新家去參觀，確定他們的夢想終於完成。回到小別墅後，傑克・倫敦送了一本「約翰・巴里孔」給夏敏恩，並在書中題道：「你懂的。是你幫助我熬過病痛、對抗酒魔。」

即使今日，農夫和鄉間的居民在乾季都特別害怕火光。到八月爲止，當地已有五個月沒有下過雨，乾燥的樹叢和桉樹林彷彿等著當燎原的犧牲品，雖然附近的河床上還流著溪水，山麓尖削的峽谷又不能阻斷火勢。午夜時分，伊莉莎悲慘地敲著傑克・傑克・倫敦和夏敏恩的臥房窗戶，將他們叫醒。他們騎著馬火速奔往現場。「狼屋毀了。我們回程時心情還好，但是清晨五點回到家以後，他徹底崩潰了。」

起火的原因可能是天乾物躁下大自然自己產生的火星所引起。最近幾天工人將木材都塗上油漆，把易燃的油桶和廢料整理好堆在工地裡。工頭佛尼（Forni）每天傍晚都會謹慎地將散落的廢料收拾起來，但是事發當晚他因疏忽而忘了做這件事。第二天傑克・倫敦和夏敏恩還帶他出去吃晚餐安慰他。「他快瘋了。他在失火的房子前不停地哭喊著。」這場火延燒了幾天幾夜，直到傑克・倫敦將附近的紅杉都澆溼後，才止住火舌。

清理有如廢墟般的狼屋時，工人發現一根蠟燭放在通風口裡。狼屋遭蓄意縱火的證據又陸續被發現。夏敏恩給安娜的信上說道：

親愛的安娜，這場火是最殘酷的現實。傑克告訴我，我們損失了將近五萬塊。但是比金錢損失更叫人心痛的是，為何有人要蓄意破壞這麼美的……種種證據顯示有人故意放火，這實在讓我們心痛不已。究竟是誰會這麼做，我們一點概念也沒有。

他們始終不知道縱火者的身份。

雖然傑克・倫敦受胸痛之苦，夏敏恩也有心悸的毛病，但是夫妻倆還是嚴謹地按照行事曆做事。九月是州展覽會期，這表示他們得花兩個星期待在沙加緬度觀摩牲畜的競賽，為將來的參賽做準備。當然在寫作這方面，傑克・倫敦絲毫不曾放鬆，而且很快又完成另一本通俗的海洋小說「埃爾辛諾的叛變」（The Mutiny of the Elsinore）。

妻子可能外遇的陰影和狼屋付之一炬的慘痛，似乎還不夠令人悲傷，一九一三年陸陸續續又有各方面的損失令傑克・倫敦苦惱不已。自一九一一年貝絲拒絕傑克・倫敦與女兒相處的要求後，喬安發現父親對她的態度有漸漸轉變的現象。喬安負責家裡對外的通訊聯絡，處理相關的訊息來往和財務請求。因此可以說直接承受了傑克・倫敦對貝絲日益怨恨的衝擊。在沒有事先告知的情況下，他停掉了她的鋼琴課。又有一天他得知喬安受洗為聖安會教徒時，便脅迫貝絲把女兒的宗教歸屬改為一神論教會。花在農場和狼屋的支出遠遠勝過收入，這讓傑克・倫敦對小額的花費也斤斤計較起來。

真正的衝突爆發了。喬安考慮投身劇場，這似乎是麥德恩家族血液裡隱藏的因子，使得她不由自主想加入阿姨舅舅的行列站在舞台上。貝絲或許回憶起當初自己也曾有過和女兒一樣的夢想，但卻被家人抹煞，因此她決定支持女兒的理想。然而傑克・倫敦並不同意，於是他便邀喬安到農場一聚，希望趁此機會說服她改變心意。

假如狼屋沒有燒掉，或許這種衝突還比較容易解決。

但是狼屋被燒燬，貝絲並沒有把失火的消息告訴女兒。傑克・倫敦因沒有收到女兒任何安慰的隻字片語，而感到訝異，便寫了一封信給她：「雖然還沒有搬進去，但是我的家燒燬了，可是你卻一點反應也沒有。你生病的時候，我去看你。我帶著花和金絲雀去看你。現在我病了，你卻這麼沈默。我的家也是我的夢想之一，現在已經毀於一旦。你卻一句話也不說。」對一個十二歲的女孩而言，這些字眼可以說非常苛刻。

貝絲和傑克・倫敦都要爲喬安被逼迫如此的衝突裡而負責。現在她終於知道固執己見的母親拒絕父親探視她們的決定，是完全不合理的，雖然母親藉著這種方式處罰父親，但是這樣一來連女兒也受到傷害了。

終於，十月初時傑克・倫敦和貝絲與喬安見面討論此事。喬安滿懷希望父母親能化解成見成爲朋友，她希望父親會對自己的冷酷表示抱歉，希望母親能夠了解，她到農場去待幾天也不會有什麼傷害。可是她的父母根本就是堅持己見的敵手，而非一心一意爲女兒幸福著想的父母。

之後喬安寫信給父親，表明等她長大一些再到農場去度假，希望他能諒解她左右爲難的窘境。傑克・倫敦之後的回信不像以前那麼頻繁，而且語氣也似乎有點疏遠，她單方面認爲緊張情勢可能已經過去了，其實不然，因爲傑克・倫敦只是需要時間好好調適被她拒絕的心情而已。一九一四年二月二十四日，他寫了一封殘忍的正式通知給她們，昭告自己決定徹底脫離這個家庭。「我對這一切事情已感到厭倦和噁心。我決定要脫離這一切。」同時他也提到貝絲拒絕他與女兒相聚的決定，是他厭惡的主因。他清楚表示自己會盡量給予喬安物質上的支援，並希望她將來長大後要爲愛結婚，這樣才能得到真正的甜美幸福。至於她的日常生活如何，他則不關心。結尾時，傑克・倫敦的語氣變得更加小心眼：

除非我不小心在路上遇見你，雖然我懷疑會再見到你。如果你快死了，而且希望我陪在你身邊的話，我會去的；不過換句話說，如果我今天要死了，我是不會在乎你是否在我身邊。

之後他至少有兩年以上沒有見過她。不過那個時候比雙親都有智慧的喬安，持續不斷地寫信的，結果終於贏回傑克・倫敦的關心。可是此時的傑克・倫敦已經不是過去那個男人，他的身體拖著致命的病，活力和熱情逐漸在消耗著。

喬安和貝絲自然而然成了倫敦近幾年遭遇失敗的代罪羔羊。這幾年來當喬安得知貝絲刻意隱瞞的消息後，她終於對父親有更深的了解，而且對父親遭遇的諸多厄運感到無限的同情。她原諒了他，忘記他負面的印象，心中寧願只留下他抱持著高貴夢想，在逆境中求生存的精神。

第二十七章　死亡的徵兆

一九一四年一月初，傑克・倫敦決定親自到紐約處理電影版權相關事宜。臨行前夏敏恩卻因昏倒而無法成行，可是紐約方面因爲牽涉了大筆的金額，傑克・倫敦不得不先行前往處理，所以夏敏恩只好暫時留下來休息，暗暗擔心紐約會摧殘他脆弱的心靈。

一月二十六日芙羅拉在朋友家打電話要她過來讀一封由「艾美」傳來的電報：「傑克・倫敦整天和一個女人在四十九街的凡克蘭飯店廝混。」夏敏恩看了電報後嚇了一跳，但是並不害怕，她將電報轉發給傑克・倫敦。

傑克・倫敦則回覆說那封電報完全是惡毒的閒言閒語，他會針對這件事情和凡克蘭飯店的經理好好討論，信末他還表示自己寧願死在夏敏恩的懷裡。

接著他又寫了一封信表明堅定的愛意：「妳是我唯一的女人，這種感情和心意非常明確，不需要再重複說明。我相信妳知道。」

傑克・倫敦其他方面的生意做得也不盡理想。他一向沒有耐心，這種個性只會讓他蒙受嚴重的金錢損失，他雇用律師爲他打財務方面的官司，最後卻連律師都不太想理他。

傑克・倫敦離開家的期間，布萊特則親自到農場和夏敏恩商談她兩本南洋之旅的出書計劃。傑克・倫敦回來後雇用已故姊姊艾達的丈夫傑克・柏恩（Jack Byrne），來接手負責一些農場上的事務。雖然剛開始夏敏恩覺得自己領域被侵犯了，但是後來不由得感謝有多餘的時間得以讓她準備那兩本書。

沒多久戰爭就爆發了，她的工作又必須暫時擱置了。幾個月前赫斯特提供優渥的薪水，要傑克・倫敦採訪箭在弦上的墨西哥革命。鑒於參與墨西哥偉大的社會改革活動需要不少錢，傑克・倫敦拍了一封電報告知赫斯特他會去，但前提是夏敏恩和吉松中田也必須一同前往，赫斯特同意了，但是這兩位的費用得自行打理。

那時，美國的有錢人也相當好奇這個位於美國南方的國家，要如何處理這場平民衝突。就在美國大學入侵偉拉克魯茲之前，「科利雜誌」的主編拍了一封電報要傑克・倫敦立刻出發前往墨西哥。他照辦了，順道帶著夏敏恩與吉松中田同行。在他們加爾維斯敦港正好遇見海灣商船隊的負責人，他慷慨地准許他們在船上自由通行，並幫助夏敏恩迅速辦好到戰地的許可證。這對夫妻在這裡等待通行證下來的幾天，都耗在精品店裡購物，很難想像他們是要去戰地採訪。

傑克・倫敦搭上運輸船先走，夏敏恩釐到通行證後選擇了一艘插著挪威國旗的水果運送船，還帶著許多士兵妻子所寫的家書，準備到戰地一解士兵們的相思之苦。

這對夫妻就要真正進入兵荒馬亂的戰區了。傑克・倫敦本身的確曾深入過戰區，好幾次還伸出援手協助當地的難民逃出，還有一次加入突擊隊搜尋狙擊兵的機關槍。大部分的時間，傑克・倫敦和夏敏恩都加入其他記者的行列，到城裡沈浸在輕鬆歡慶的氣氛之中，因爲他們手上的美金鈔票，正好可以餵飽被戰火摧殘的敵國人民。夏敏恩和一些官員夫人在這個地區，就像在度假一樣，可以自由出入公園和教堂，購買精緻美麗的蕾絲，也可以設計衣裳交給謹愼細心又便宜的裁縫去縫製。夏敏恩也能鑑賞貓眼石，所以一路上傑克・倫敦便放任夏敏恩去購買。

當然除了購物之外，夏敏恩在報導工作方面的協助也不含糊，她隨時做筆記，並將所見所聞提供傑克・倫敦作爲寫作的素材。傑克・倫敦的文章因爲他的地主和雇主身份，而在政治立場上有所轉變。墨西哥尚未被開發的豐富油田，在他眼裡彷彿變成了新的育空，可以供美國利用，所以他相信美國有義務「好好護衛、整頓並經營墨西哥」，以保護這些可供取用的資源。如果說成功腐化了他，又過於簡化他與社會主義明顯的疏離。沒錯，他的確忙著電影及其他各種投資事業，希望藉此賺取龐大的資金進行他的農場改革。

從傑克．倫敦在墨西哥所拍的照片，看得出他臉上的疲憊。他的水腫症狀非常明顯，這是他的腎臟嚴重虛弱的癥兆。傑克．倫敦在體力不勝負荷的情況下提前返回紐奧良，痢疾差點就要了他的命。夏敏恩爲了因應這種狀況，她將旅館房間改裝成病房，派吉松中田準備廚房用具，這樣她才能在房間裡煮米漿給傑克．倫敦吃。睡不著的傑克．倫敦是個難纏的病人。不過，她還是把一切事情都處理妥當，婉拒其他記者同好來探訪，而且時刻陪在他身旁以防他有不時之需。她發現傑克．倫敦服下的藥物效果並不是很好，這表示經過多年自我醫療的結果，他已經產生了抗藥性。

第二十八章 藥物成癮

悲劇常常造就生命的轉捩點，或是在與周遭的關係上，產生新的定義。失去孩子、狼屋、金錢和健康以後，傑克·倫敦的自我防衛也漸漸撤去，他開始敞開心房接納以前所鄙視或嘲笑的事物。一連串的打擊之下，他掙脫物質主義的包袱，轉而探索心靈的領域。

雖然傑克·倫敦二十幾歲時奉物質主義爲圭臬，但是和夏敏恩結婚時，立場已經開始鬆動。最大的轉變便是他承認愛情力量的存在。當他和夏敏恩共同經歷一次又一次的難關時，便更加依賴彼此，將之當作撫慰的力量，而且不只一次在書信中提到，男女之間的愛情有救贖的價值。

然而這個結論似乎忽略傑克·倫敦一向利用自己的作品大談理念，並用上中產階級的讀者較能接受的素材。他從不曾爲了要賣書，就支持自己不同意的理念。反而是對於推銷不受歡迎的革命性文章，讓他無所畏懼，就算這種作風會影響其他作品的銷售，也不以爲意。尤其爲報紙寫作時，他更是秉持自己的清高。

當傑克・倫敦趨於心靈發展時，夏敏恩卻往外敞開手臂，迎向世界。她和羅利過從甚密的那段期間，觸動了傑克・倫敦的轉變，她這才知道自己吸引異性的魅力可以刺傷傑克・倫敦。不過聰明的她在與別的男人有更進一步的牽扯前，就退回腳步，接受傑克・倫敦的道歉，而傑克・倫敦也不再將她的一切付出，視爲理所當然。有了這兩次的經驗後，她似乎食髓知味，對自己的魅力更加有信心，一點也不想失去這種依本能行事的快感。她不願意再做那種眼淚往肚裡呑、舉止行爲中規中矩的女人。從墨西哥回來後，她優先處理自己的工作，也就是先完成南洋之旅的文稿。

當傑克・倫敦夫婦對彼此的需要更甚於以往時，就表示他們與周遭的連結趨於鬆散，其中最大的轉變便是他們與妮塔的關係。雖然夏敏恩嫁給了傑克．倫敦，但是她與阿姨之間的關係還是非常緊密。整趟南洋之旅下來，妮塔是唯一收過夏敏恩私人信件的人，有幾封信甚至長達數十頁。妮塔自然而然成為外甥女傾吐的對象，而傑克．倫敦還是繼續負擔妮塔的生活開支。

自從傑克．倫敦夫婦搬離妮塔附近以後，妮塔變得苦惱又生氣，因為她再也不能站在傑克．倫敦的光環之下。而且夏敏恩逐漸有了自我意識，開始質疑妮塔的行為和動機。她把更多的注意力放在其他威利家的親戚身上，他們比較支持她日益外放的思考與舉動，所以她可以沒有顧忌地駁斥阿姨的批評。這些親戚不但在她流產住院時照顧她，之後在一連串的打擊下也適時地給予她撫慰，讓她有家的感覺。他們是團結、正直而成功的中產階級份子，真心誠意地欣賞夏敏恩，不像妮塔從不把夏敏恩嫁給美國最有名氣男人的事實放在眼裡。

一九一四年夏天開始，妮塔與傑克・倫敦夫婦間的關係轉壞。傑克・倫敦將夏敏恩的柏克萊不動產拿去抵押，而傑克・倫敦名下的其他財產也被拿去抵押，以償還狼屋燒燬的損失。妮塔知道這件事後暴跳如雷，而大言不慚地說表示，他這麼做真是不可原諒。她以自私的邏輯冗長地述說夏敏恩對她應盡的責任，此外她還指控傑克・倫敦是個揮霍成性的人，完全忽略年老的她需要人照顧。

四十三歲的夏敏恩跟傑克・倫敦都對妮塔的干涉感到憤慨。事實上，夏敏恩不但盡了她的義務，甚至可以說任妮塔予取予求，而傑克・倫敦甚至連妮塔的生活費也照付不已。傑克・倫敦認爲是他支付保險費、稅金和其他柏克萊不動產費用，而不是夏敏恩，而且在他損失一萬元的那一年，他還是不忘照顧這位姻親。

一九一四年秋天，傑克・倫敦夫妻駕駛漫遊號在沙加緬度三角洲航行時，傑克・倫敦得了奇怪的疹子，卻沒有立刻找出病因。十二月初他們從海上回來之後，傑克隻身一人到洛杉磯向加布催討電影方面的收益，卻催討不成。傑克・倫敦抑鬱地回來，並告訴夏敏恩他們不可能重建狼屋。於是他們又再度搭乘漫遊號出海尋求慰藉。航行期間，夏敏恩協助他創作「橡果主人」（The Acorn Planter）的劇本，希望在下屆的文藝園地比賽中，獲得演出的機會。

傑克・倫敦身上的病痛極有可能是因爲長期自己服藥，而衍生出來的腎臟毛病。他們夫妻倆在沙加緬度航行時，除了服用醫生開給他含有烏頭和顛茄素的緩和劑之外，還自行服用海洛因、嗎啡、鴉片等在當時合法的止痛劑。雖然這些藥品需要處方箋，不過他還是輕易地就能拿到這些藥品，而且學會自己注射，並參考醫學書籍確定劑量。他對靠自己的力量戒酒成功非常得意，卻不知道自己對藥物已經漸漸成癮。當然，這種藥物癮在當時尚未被認定，所以他和醫生自然相信這樣的治療是毫無閃失的。

不過這一切都逃不過夏敏恩犀利的眼睛。她注意到傑克‧倫敦的身體變得臃腫、虛胖，並不是因爲吃太多的緣故，而是水腫使然。幾個月後，雖然她極盡照料，但是傑克‧倫敦依舊沒有起色。一九一五年二月他的腳部嚴重發炎，他自己判斷是得了風濕症，不過那應該是痛風才對。他一連幾天在夏敏恩的床上休養，順便念書給她聽。「這是幾年來最幸福的時光，」她說：「沒有別人、沒有工作，只有心靈相契。」

第二十九章　重返夏威夷

傑克・倫敦的身體比較好之後，夫妻倆便參加一九一五年在舊金山舉行的世界博覽會，再搭乘馬索尼亞號（Matsinia）前往夏威夷。

可是夏威夷已不再是他們期待的模樣，令傑克・倫敦夫婦失望的並非當地的社會分裂。而是他們最愛的海濱飯店，沙灘已經被沖蝕掉了，只剩下尖銳礙眼的珊瑚礁。旅館的草坪周圍築起一道討厭的海堤，原本可愛的帳篷式小屋也不見了。原本在他們別墅轉角處的夏威夷地標棗椰樹，現在已經被當地人命名為「傑克・倫敦椰」，以紀念他們上次的造訪。

有一天傑克・倫敦告訴夏敏恩，他在認識她之前，躺在加州的海灘上時看到的畫面。他把手蓋在臉上，然後聽見水面上有一對男女嬉戲的聲音。他聽了很久，但就是無法分辨聲音從哪裡傳過來，接著他便看見他們緩緩地從水裡走過來，兩人交談的模樣是那麼的輕鬆愜意，他突然覺得很感傷，懷疑自己是否能找到一個志同道合的女人，可以跟她一起出海，不需要搭船也不需要穿救生衣，兩個人就這樣牽著手花幾小時在海上漂浮，在陽光下向對方無所隱瞞地傾吐一切。

這段故事也說明了爲何兩人去旅行時，總是比較喜歡海上的活動。夏敏恩這一生就靠著兩個事件，證明他倆皆珍視的勇氣，是愛與忠貞之外，最有價値的東西。

一是某天傑克・倫敦想衝浪，便要夏敏恩跟他一起游到較深的水域。渡假村的人員警告他們那天的天氣不適合衝浪，可是傑克・倫敦說他們是去游泳，不是衝浪。他們早就熟悉岸邊大浪的衝浪技巧，所以對自己掌握海水的能力非常有自信。他們游離淺水處，經過一大叢幾乎很難通過的海草群之後，又面對大浪罩頂的壓力。夏敏恩謹記傑克・倫敦的指示「保持身體平坦放鬆」，然後游到較靜較深的水裡去。就這樣游了半小時後，他們離海岸已經非常遙遠了。要不是當時有幾個渡假村的人划著衝浪板過來，他倆大概早就在海上腐爛了。

又有一天，傑克・倫敦在深水處抽筋。夏敏恩見狀立刻繞到他身後，拼命地踢水按摩他的腳，幸好有一名衝浪客又救了他們。他們把傑克・倫敦平放在衝浪板上繼續替他按摩，直到他的腳可以自行游上岸爲止。

從夏敏恩對這些事情的解釋，就可以看出，她非常相信傑克・倫敦的判斷力。她完全相信他，可是他在這兩次事件的表現，卻不如她。讓兩個人置身危險之中可謂有勇無謀，這種魯莽又不考慮後果的事，是他以前絕對不會做的。

夏敏恩終於知道傑克・倫敦的行爲轉變了，他比她以前更加緊張又好辯。傑克・倫敦一向就是個愛辯論的人，不過以前的他總是可以在偏離主題之前，就喊停，然而現在他卻變得更具逼迫性，而且固執地堅持己見。同時，夏敏恩也發現，他常常找藉口不去參加日常的社交活動，寧願待在家裡讀書，甚至睡覺。不過她並不怎麼擔心，因爲他還是照常寫作。

五個月之後，他們回到格蘭艾倫，夏敏恩的焦慮和心悸又發作了，直到她的第一本書正式出版後才停止。夏敏恩根本不需要爲「蛇鯊號日誌」（The Log of the Snark）擔憂，因爲這是一本値得一讀的好書。麥克米蘭公司在一九一五年十月，出版了這本南洋之旅的航海日誌，總計四百八十七頁。書評家給予好評，盛讚這本書的程度，跟傑克・倫敦先前所寫的「南洋之旅」（The Cruise of the Snark）不相上下。

「蛇鯊號日誌」的確是一本讀來順暢怡人的書，裡面的趣聞兼具感人與娛樂，情節的鋪陳也相當傑出。現代的讀者或許會認爲，其中部分情節過於多愁善感，但是對當時的讀者而言，卻非常的新穎。

幸好夏敏恩毋需應付這些現代評論家的倉促批評，才能在當時獲得一致好評的鼓勵下，繼續完成夏威夷的遊記。

因爲考慮到傑克・倫敦的健康問題，夫妻倆決定在十二月回到夏威夷。一九一六年是個充滿希望的一年。傑克・倫敦剛完成「三顆心」（Hearts of Three），那是根據查爾斯・古哈德所寫的電影劇本「聖保羅的冒險」（Perils of Pauline）所改寫而成的小說。這個工作讓他賺得兩萬五千美元，可以償還大部分積欠的債務，抵押也還掉了，這是他們結婚以來，第一次毋須爲經濟擔憂。傑克・倫敦終於可以回答一些人生價值何在的問題：

> 將青春用在經歷人生各式各樣的遊戲後，現年三十九歲的我，已步入了成熟的年紀，我堅定嚴肅地相信，人生遊戲的確需要燃燒自己。我的生命豐富幸運，我是這一代做丈夫的當中，最幸運的一

個。我知道自己受苦受難的時候，是活得最真、看得最多，也比常人感覺最多的時候。沒錯，就是如此，人生需要燃燒自己。朋友們說我變得更加勇敢，便可以證明這就是心靈的勝利。

第三十章　選擇死亡

疾病纏身加上鴉片的作用，傑克·倫敦不斷地被這種新的心理狀態弄得迷迷糊糊，不知不覺開始和靈魂周旋。他開始用新的心理分析方式檢視朋友，發現他們在自己眼裡竟一個個都不合格；而夏敏恩擔憂他與朋友之間的疏遠，會進一步導致他的意志崩潰。然而最嚴厲的心理遊戲則是他對夏敏恩欠缺信賴，如果她與別人過從甚密，他會徹底逃避，所以她決定好好跟在他身邊，如果有必要的話，她會整晚陪著他，不讓他逃到角落暗自神傷。那麼第二天醒來後，他會懺悔地說些「容忍我，你是我唯一僅有的。」這類的話。她也會嚴正地發誓會容忍他。

起初夏敏恩因爲和傑克·倫敦朝夕相處，反而不容易看出他身體健康的變化。但是到了夏天，傑克·倫敦的症狀已經明顯得很難不注意到。她這才知道他不想活動筋骨的原因是因爲生病，而不是不想動。他們用晚餐的時候，他幾乎不吃，只是不停地說些逗趣的話來轉移大家的注意力。如果她催他吃點東西，他就要她別擔心，並向她保證自己早餐吃了很多。

有天早上，傑克・倫敦在劇痛中醒來，趕緊叫醒夏敏恩找醫生。醫生的診斷發現他有一顆腎結石，於是警告傑克・倫敦別吃蛋白質食物，盡量以蔬果代替。同時他也鄭重告知夏敏恩傑克・倫敦病得相當嚴重，除非他改變自己的飲食習慣，否則會有生命危險。事實上，以他當時的症狀看來，應該已經回天乏術了，任何的改變都沒有什麼用。

儘管傑克・倫敦已在垂死邊緣，卻還像個沒事人似的靜不下來。夏敏恩的日記裡那時充滿溫馨的語句，顯示她和傑克・倫敦之間的感情愈來愈濃厚。有一天傑克・倫敦告訴她他願意給她任何東西，就算是要他殺人他也心甘情願。

傑克·倫敦不斷面對死亡的內在心理，也充分反應在他所寫的容格式故事中。藉由他所寫的故事可以檢視他的心理精神狀態，其中兩篇最具爆發力的故事爲「紅主」（The Red One）和「水中寶貝」（The Water Baby）。後來夏敏恩回憶道，傑克·倫敦發現透過自我精神分析之後，可以從原本單純接受刺激產生反應的人，提升爲自我創造、自我決策的人。

七月初，傑克·倫敦夫妻再次回到格蘭艾倫。伊莉莎見到傑克·倫敦之後，對一個朋友說道：「回來的不是我們的傑克·倫敦。」

之所以說傑克·倫敦選擇了死亡，是因爲他拒絕改掉那些縮短生命的生活習慣，才導致生命盡頭提早出現。他吃肉喝酒又開快車，但誰能評斷他所受的苦痛呢？誰有權利質疑他的決定呢？伊莉莎和夏敏恩只能暗自難受，面對可能最糟的結果，可想而知她們有多麼無助。而且在病痛與藥物的雙重圍攻下，傑克・倫敦的脾氣更是難以駕馭，情況只有更加糟糕。

九月時，伊莉莎陪著傑克・倫敦夫婦到沙加緬度參加州展覽會。傑克・倫敦展示不少牲畜，而且獲得許多好評。不過他左腳的「風濕症」發作愈趨劇烈，甚至痛得無法參加競賽。結果熟練的伊莉莎接手展覽事宜，由夏敏恩在旅館房間好好照顧傑克・倫敦。她和他打牌、玩遊戲，或偶爾請朋友來坐坐，試圖轉移他的注意。那個星期夏敏恩只離開房間三次，每次出來都是爲了買書。

展覽會結束了，可是傑克・傑克・倫敦・傑克・倫敦的身體狀況還是很糟，於是夏敏恩請了一位醫生和他們同行。回程途中這對夫妻爲了是否走錯路的問題爭執不下。雖然過去他的方向感準確無疑，然而出乎意料的是，夏敏恩指的方向才是正確的。她認爲這個小小的事件就是不好的預兆。

他倆的人生已經蒙上一層灰霧。傑克・倫敦決定到紐約處理新的出版合約事宜，因爲他和「世界主義」雜誌的五年合約已經快到期了。夏敏恩或許爲了想阻止他前往，所以拒絕跟他一起去紐約。她堅持要在家寫完夏威夷遊記。

十月間種種麻煩不斷發生。首先，傑克・倫敦的保險公司以他身體狀況爲由中止他的保單。十月二十二日，傑克・倫敦最喜歡的一匹得獎馬突然暴斃，對他的打擊相當大。

同月，傑克・倫敦試圖說服貝絲不再支付贍養費，他承諾會將同樣數目的金額用在女兒身上，可是她斷然拒絕。接著妮塔和愛德華聯合其他格蘭艾倫居民，控告傑克・倫敦阻斷索諾馬山區的水源葛拉漢河。迫在眉睫的審訊就要開始，傑克・倫敦不得不延後紐約之行。傑克・倫敦不希望夏敏恩面對被親人指控的尷尬場面，便建議她不必跟他一起去法庭。夏敏恩只有在家裡窮擔心。

十一月十日，傑克・倫敦又發現一顆腎結石，但仍堅持要出席審訊。十一月十四日，法院判決原告敗訴。可是慷慨大方的傑克・倫敦，還是竭誠歡迎這些對他提起告訴的人，到農場來共進晚餐，希望盡釋前嫌。

幾天後一位製片造訪農場。從他拍攝的照片可以看到夏敏恩騎著馬奔馳在原野上，還有傑克・倫敦笑容滿面地抱著小豬的畫面。他看起來是那麼的溫柔天真，只有眼神透露出久病纏身的虛弱癥象。雖然夏敏恩當時已經整整一個星期沒有睡好，再加上習慣性的頸部神經痛，但是照片裡的她依舊強顏歡笑。

十一月二十日，他要夏敏恩跟他一起去騎馬，他要帶她去看看農場以後要擴張的地方，可是夏敏恩的身體也不是很好，再加上苦惱不斷，所以拒絕了他的邀約。這時的傑克・倫敦因爲毒血症的關係，又是發燒又是躁狂，只要腦中產生了新的想法，比如說要爲農場工人及其家庭建立福利制度，甚至爲他們蓋座學校等等的理想，整個人就會顯得特別興奮。他滔滔不絕地向夏敏恩述說農場未來美好的遠景，而他的農場會成爲是一個以社會主義和合作原則建立的優良模範社區。

十一月二十一日吃完飯後，傑克・倫敦跟著夏敏恩進她的房間。他虛弱無力地指著一箱書，那些是晚上要閱讀的書。「但你不必這麼做」，她說：「你一向做這些事都是爲了自己的。」她告訴他如果他再不放輕鬆的話，身體一定會受不了的。

他站起身往自己房間走去，然後又回過頭來神秘兮兮地補充道：「謝天謝地，你什麼都不怕。」那天晚上夏敏恩在院子裡散步，她可以看見傑克・倫敦睡在半敞開的臥室裡，臉上戴著遮眼罩，頭垂在胸前，她知道傑克・倫敦在休息後感到很安心。第二天早上，伊莉莎和男僕塞金（Sekin）站在她的床邊搖醒她，說他們叫不醒傑克・倫敦。夏敏恩立刻衝去傑克・倫敦的床前，發現他沒有意識又呼吸困難，這是最近幾個星期以來折磨他的毒血症愈來愈嚴重的症狀。夏敏恩趕緊找來幾位醫生，試圖將昏迷不醒的傑克・倫敦弄醒，喝點咖啡。

一整天下來，他們不停地想辦法治療他，包括生理和心理方面的方法都試過了。他們大喊大叫說水壩被沖垮了，希望這種消息可以刺激他回神。只要他的身體有一丁點變化，夏敏恩就會喊道：「老公，老公，你快點回來。」可是一點用也沒有，他的意志已經淹沒在充滿毒性的血液裡。那是希望與絕望互相拉鋸的一天，「最後，他澆熄我們所有的希望，帶著微笑走進永恆的黑暗中。他走的時候還不忘帶著這抹一貫的微笑。」而這一抹微笑支撐著夏敏恩度過四十年的寡居歲月。從此，夏敏恩成了傑克・倫敦的化身，間異而勇敢地經營農場，延續丈夫的聲望於不墜，致力將他的作品翻譯成各國語言，甚至拍成電影。

(c)2001 CULTUSPEAK PUBLISHING CO., LTD.
All Rights Reserved. 著作權所有．翻印必究
本書文字非經同意，不得轉載或公開播放。
(c)2001 高談文化事業有限公司

2001年6月 初版
發 行 人：賴任辰
社　　長：許麗雯
總 編 輯：許麗雯
編　　輯：劉綺文
行 銷 部：楊伯江 朱慧娟
出版發行：高談文化事業有限公司
編 輯 部：台北縣新店市寶橋路235巷131號2樓之1
電　　話：(02) 8919-1535
傳　　真：(02) 8919-1364
E-Mail：c9728@ms16.hinet.net
印　　製：久裕印刷事業股份有限公司
行政院新聞局出版事業登記證局版臺省業字第890號

美麗的俘虜
定　　價：新台幣200元
郵政劃撥：19282592 高談文化事業有限公司